Oswald Sanders

Satan ist kein Mythos

SATAN IST KEIN MYTHOS

EINE ENTTARNUNG DES WIDERSACHERS

Originaltitel: „SATAN NO MYTH“
erschienen bei Marshall, Morgan & Scott, London
Aus dem Englischen übersetzt von Horst Donath, Würzburg.

ISBN: 978-3-932308-59-8
CMV-Bestellnummer: 30859

Gesamtgestaltung: CMV
Printed in Germany

Inhaltsverzeichnis

Zur Einführung

Der Widerstreit zwischen Gut und Böse, Gott und Satan ist eines der durchgängigen Themen der Bibel – vom ersten bis zum letzten Blatt. Es beginnt mit der Schlange im Garten Eden (1.Mose 3) und schließt mit dem Teufel, der in den Feuersee geworfen wird (Offenbarung 20). Die Berichte dazwischen beschäftigen sich mit den wechselnden Situationen eines Kampfes, der sowohl in der himmlischen Sphäre als auch auf Erden geführt wird.

Es ist verwunderlich und verdächtig zugleich, dass bis in die jüngste Zeit hinein das Thema „Teufel" so leichtfertig abgehandelt wird. Warum erscheint es so selten in der Verkündigung? Der Autor hat hierzu viele Leute befragt. Die Mehrzahl konnte sich nicht erinnern, auch nur eine Predigt gehört zu haben, die über den Teufel und sein Wirken Klarheit gebracht hätte. Der Leser braucht nur seine eigene Erfahrung zu befragen, um zu erkennen, wie einzigartig erfolgreich der Teufel sein Wirken getarnt und seine Anonymität gewahrt hat.

Der Grund für die auffallende Vernachlässigung dieses Themas ist nicht in einem Mangel an Schriftaussagen zu suchen. Es gibt erstaunlich viele Bibelstellen, die auf die Person Satans und sein Werk von verschiedenen Seiten Licht werfen. Kann der aufmerksame Mensch nicht eine hinreichende Unglücksspur der schändlichen Wirksamkeit des Teufels erkennen? Der Grund, dass zu diesem Thema so wenig gesagt wird, liegt woanders.

Am 19. Juni 1972 erschien in der „Time" ein Artikel, der folgende Beobachtung brachte: „Überall im Land ist zu bemerken, dass das Okkulte eine Welle der Faszination auslöst. Das wurde zuerst vor einigen Jahren erkennbar am Horoskop-Boom, der noch anhält. Doch heute besitzt das Okkulte eine Bandbreite, die von der primitiven Zauberei über die Satansanbetung bis zu den Ufern der Wissenschaft reicht. Nicht wenige Verleger haben in den letzten Jahren Dutzende von Büchern über das Okkulte und das ihm verwandte Gebiet der Parapsychologie herausgebracht. In den USA bietet eine zunehmende Zahl von Colleges Kurse an über die verschiedenen Aspekte des Okkulten. Der deutsche Journalist Horst Knaut schätzt, dass sich mindestens drei Millionen Westdeutscher mit irgendeiner Form des Okkulten beschäftigen und weitere sieben Millionen damit sympathisieren. Die seriöse Schweiz hat Überfluss an sonderbaren Sekten, dazu auch eine, in der vor einigen Jahren ein angeblich besessenes Mädchen zu Tode gequält wurde. In Italien hat sich weniger die Quantität als vielmehr die Qualität des Okkulten gewandelt. Lange Zeit gehörten solche Praktiken zum Süden Italiens. Heute hat der Okkultismus auch im Norden Einzug gehalten und ist in der einflussreichen Schicht der Ärzte, Rechtsanwälte und Industrie-Kapitäne heimisch geworden."

Solche Feststellungen sind Anlass genug, um eine Sache, die in unserer Zeit einen so bedeutenden Platz einnimmt, gründlich zu untersuchen. Nur wenige Stimmen werden laut, um angesichts dieser Gefahr zur Wachsamkeit aufzurufen. Dieses Buch will dazu beitragen, dass die Person und das Wirken Satans erkannt wird, damit man sich vor seinen Nachstellungen schützen lassen kann.

Satan: Mythos oder Wirklichkeit?

Hat Christus sich geirrt bei seinem schrecklichen Kampf bis zum Tod? War es wirklich der Fürst dieser Welt, der ihm entgegenstand als ein schreckliches, übernatürliches Wesen, dessen Hass gegen Gott so dunkel und abgründig war wie die Hölle? Oder war Christus ein Irregeleiteter? Kein Schriftkundiger wird letztlich leugnen können, dass Christus vom Teufel als einer Person sprach und ihm auch so begegnete; dass er in die Welt kam, um die Werke des Teufels zu zerstören; dass er Dämonen befahl, ihre Opfer freizugeben; dass er davon überzeugt war, dem Menschen, den er retten wollte, den Fürsten dieser Welt im wahren Licht zeigen zu sollen und dessen heimliche Macht über Menschenherzen zu brechen.

Aber kein System der modernen Philosophie räumt dem Diabolos (die griechische Bezeichnung für den Teufel lautet wörtlich übersetzt „Durcheinanderwerfer") irgendeinen Raum ein. Gleichfalls haben viele Theologen den Teufel in die Sphäre der Mythologie verbannt.

Bis zur Zeit der Aufklärung bestand weltweit die Überzeugung, dass es sich beim Teufel und seinen Untertanen um persönliche Geisteswesen handelt. Heute herrscht allgemein die Meinung vor, dass Satan als der Führer der gefallenen Engel keine befriedigende Antwort auf das Problem des Bösen sei. Trotzdem bleibt die Frage, wie das Böse in die Welt kommen konnte, die Gott geschaffen hat, und von der es heißt: „Und Gott sah an alles, was er gemacht hatte, und siehe, es war sehr gut." Gesetzt den Fall, Satan und sein Reich wären nur eine bildhafte Darstellung von der Existenz übermenschlicher böser Mächte des Universums, so wäre das für die Theologie noch immer eine äußerst wichtige Frage.

Das macht deutlich, wie dringend eine klare biblische Antwort auf die Frage nach dem Teufel ist. Die Gründe für die unterschiedlichen Auffassungen sind vielfältig. Allem voran haben in der Vergangenheit die ins Groteske verzerrten, der Phantasie entsprungenen Teufelsdarstellungen die Aussagen der Heiligen Schrift verdrängt, die darüber sehr nüchtern und maßvoll, eher sogar zurückhaltend spricht.

Das mittelalterliche Bild vom Halbmenschen und Halbtier mit Hörnern, Pferdefuß und Schwanz ist ein meisterhafter Schachzug des Teufels. Sich selbst so albern und unsinnig ins Bewusstsein zu bringen, bedeutet, durch Lächerlichkeit von der Wirklichkeit abzulenken. Nicht wenige Theologen behaupten mit Recht, dass alle Einwände, die in dieser Frage von Philosophen vorgebracht werden, sich nicht gegen den Teufel wenden, wie ihn die Bibel zeichnet, sondern gegen die irreführenden Darstellungen, die in der Vergangenheit erfunden wurden und von der modernen Literatur noch immer verwendet werden.

Wo kann man sich informieren?

Die einzig zuverlässige Quelle der Erkenntnis über den Bereich des Unsichtbaren ist die göttliche Offenbarung in der Heiligen Schrift. Alles andere bleibt Spekulation und darum unmaßgebliche menschliche Meinung. Wo die Heilige Schrift schweigt oder nur sehr zurückhaltend spricht, ist der Schriftausleger gut beraten, der nicht mehr aussagen will. Was aber die Schrift klar aussagt, das brauchen wir nicht zögernd weiterzugeben.

Die Bibel offenbart Wahrheiten, die niemals durch intellektuelles Forschen oder parapsychologische Untersuchungen zu Tage gefördert werden können. Einen großartigen Beweis für die göttliche Inspiration der

Heiligen Schrift finden wir in der absoluten Bestimmtheit und unbeirrbaren Gewissheit, mit der sie von dem Bereich der übersinnlichen Geheimnisse spricht. Da gibt es kein ängstliches Tasten nach Wahrheit, keine zögernde Aussage, sondern eine in sich übereinstimmende Lehre von den unsichtbaren Dingen. Diese Tatsache spricht für sich selbst. Hier wird zum ersten und einzigen Mal dem Menschen eine befriedigende Antwort auf eine seiner großen Fragen gegeben. In den Aussagen der Bibel liegt eine gewisse Endgültigkeit. Hier wird über verborgene Dinge so selbstverständlich gesprochen wie über allgemein bekannte Vorgänge. Wer versucht hat, in menschlichen Hypothesen und philosophischen Aussagen einen tragfähigen Grund für sein Leben zu finden und darin enttäuscht wurde, der bekommt Antwort auf seine Fragen im offenbarten Wort Gottes. Danach ist der Bereich des Unsichtbaren eine indiskutable Wirklichkeit, deren Existenz und Bedeutung durch die Bibel nicht erst nachgewiesen werden müssen, sondern die vorausgesetzt werden.

„Ich bin ein Niemand..."

Des Teufels Inkognito ist einer seiner gefährlichsten Tricks. Die Bibel stellt Gott einmal als den vor, der da sagt: „Ich bin, der ich bin." Der Teufel, der von dem Verlangen besessen ist, die göttliche Wahrheit nachzuahmen, indem er sie verdreht, sagt: „Ich bin ein Niemand. Wie können Sie sich vor jemand fürchten, den es gar nicht gibt?" Satans Wunsch ist es, unerkannt zu bleiben. Ein Beweis dafür, dass der Teufel existiert, liegt in der Tatsache begründet, dass die „intelligente" Welt es nicht mehr glaubt.

Wie Jesus den Teufel sah

Wie stand Jesus zu dieser Frage? War er von der Existenz eines personhaften Teufels und von Dämonen überzeugt, oder glaubte er „nur“ an mächtige böse Kräfte im Universum? Wer die Bibel kennt, weiß, dass Jesus dem Teufel als Person begegnet ist. Er hat sich seiner heimtückischen Art erwehren müssen. Oder erlag er einer Täuschung, als er in der Wüste versucht wurde? Die Schilderung der im Urtext angewandten Satzkonstruktion lässt keine andere Übersetzung dieses Ereignisses zu. Jesus sprach und handelte so, wie es einem persönlichen Teufel gegenüber zu geschehen hat, dessen Werke er zerstören wollte und dessen Schicksal er durchs Kreuz beschloss. Auch im Gleichnis vom Sämann (Matth. 13,19) spricht Jesus vom Bösen nicht als von einer unpersönlichen Macht, sondern von einer Person.

Zwei Überlegungen sind vorgebracht worden, um zu erklären, weshalb Christus von einem personhaften Teufel und seinen Dämonen überzeugt war.

1. Unser Herr lebte in einem primitiven, unwissenschaftlichen Zeitalter und teilte als Kind seiner Zeit die abergläubische Auffassung seiner Zeitgenossen von einem personhaften Teufel. Aber er und seine Zeitgenossen irrten sich. Jesus besaß nur soviel Erkenntnis, wie nötig war, um zu seiner Zeit seine Mission zu erfüllen. Im Übrigen teilte er die Irrtümer und abergläubischen Auffassungen seiner Zeit.

2. Jesus war nicht befangen in den Irrtümern seiner Zeit, glich sich aber in Sprache und Handlung der vorherrschenden Zeitmeinung an. Seine Mission bestand darin, geistliche Wahrheiten, nicht aber wissenschaftlich geprüfte Thesen zu lehren. Dies tat er in der Sprache der Leute seiner Zeit.

Dieses Argument wird zuweilen auch ein wenig ausgeteilter vorgebracht; dann klingt das so: Es kann kein Zweifel darüber bestehen, dass Jesus so sprach, als sei Satan eine Realität; aber es besteht auch kein Zweifel daran, dass er lediglich die Gedankenformen seiner Zeit benutzte, ohne etwas über deren Wahrheitsgehalt aussagen zu wollen.

Die Erklärung 1 erniedrigt das Wissen Jesu auf die Stufe zeitgenössischer Vorstellungen; sie leugnet seine Kenntnis der unsichtbaren Welt, aus der er nach seinem eigenen Zeugnis kam.

Die Erklärung 2 enthalt noch bedenklichere Vorstellungen. Hier wird Jesus direkt als unseriös gezeichnet, ja, als bewusst unwahrhaftig, indem er die Menschen seiner Zeit in ihren Vorstellungen bestärkt haben soll, obwohl er wusste, dass sie im Gegensatz zur Wahrheit standen. Damit wird Jesus unterstellt, dass er seine Jünger getäuscht und mehr zum Aberglauben ermutigt als in die Wahrheit eingeführt habe. Diese Argumentation rückt Jesus in ein Licht, das überhaupt nicht übereinstimmt mit einem Lehrer, der von Gott gekommen ist. Das Schlimmste von allem aber ist, dass Jesus dargestellt wird als einer, der unbegründeten Aberglauben ausnutzt, um sich den Mantel göttlicher Autorität umzuhängen. Wie konnte er dann seinen Jüngern Vollmacht übertragen, Dämonen auszutreiben, und darin eine göttliche Bestätigung seiner Mission verstehen?

Würde eine der beiden Überlieferungen wahr sein, dann wäre Jesus nicht Gottes Sohn, sondern nur ein sündiger Mensch von recht begrenzter Intelligenz. Damit aber kommt genau das umgekehrte Bild von dem heraus, was uns die Evangelien überliefert haben. Damit wäre auch das Vertrauen in Jesus erschüttert. Denn wenn wir seiner Verkündigung in diesem Punkt nicht glauben können, welchen Grund haben wir dann, ihm zu glauben, was er uns über Gott und unser Heil sagt? Wenn seine Aussagen über Satan zweideutig waren, wer kann dann sicher sein, dass seine Aussagen über Gott es nicht auch sind?

Zugegeben: Jesus kleidete seine Verkündigung auch in treffende Bilder und benutzte eine anschauliche Sprache, aber er gebrauchte Wort und Bild nie dazu, um die Wahrheit ins Gegenteil zu verkehren. Er, die Wahrheit, konnte und wollte nichts anderes aussagen als die absolute Wahrheit. Falls er es nicht getan hätte, wäre er nicht Gottes Sohn und auch nicht ohne Sünde gewesen.

So bleibt uns nur noch als Erklärung: Jesus war von der Existenz eines personhaften Teufels und seiner Dämonen selbst überzeugt.

Herkunft und Abfall

Gott hat es in seiner unergründlichen Weisheit so bestimmt, dass die Heilige Schrift über Herkunft und Abfall des Teufels wenig sagt. Uns sind zwar einige Anhaltspunkte und Hinweise gegeben, aber nur wenige grundsätzliche Aussagen. Zwei Schriftaussagen nehmen zu dieser Frage Stellung, doch müssen wir in Kauf nehmen, dass die Auslegung dieser Schriftstellen recht unterschiedlich ist.

Die eine Lehrmeinung vertritt die Ansicht, dass Jesaja 14,4–21 und Hesekiel 28,12–19 nur Bezug hat zu den irdischen Königen von Babylon und Tyrus, von denen die Propheten sprechen. Eine weiterreichende Aussage beinhalten sie nicht. Beide Könige waren reich und überheblich, beide wurden vom Thron gestürzt und erniedrigt als Folge ihres Hochmuts. Ihnen widerfuhr, was die Propheten geweissagt hatten.

Diese Lehrmeinung betont: Nichts wird in diesen Bibelstellen von Satan gesagt. Es sei eine ungerechtfertigte Vergeistigung und falsche Exegese, hinter diesen Aussagen etwas über den Satan zu hören. Diese Auffassung wird sowohl von einigen evangelikalen Schriftauslegern vertreten als auch von solchen, die die Wirklichkeit eines Teufels und von Dämonen nicht anerkennen.

Die andere Lehrmeinung, zu deren Vertreter viele namhafte Theologen gehören, behauptet, dass diese prophetischen Schriftabschnitte etwas aussagen über Satans ursprüngliche Stellung und seine Sünde, die seinen Sturz herbeigeführt hat.

Vertreter beider Lehrmeinungen haben Argumente zur Hand, um ihre Position zu untermauern. Beide Gruppen stimmen jedoch darin überein, dass sich die Schriftstellen primär auf die irdischen Könige von Babylon und Tyrus beziehen. Aber sollten wir nicht bereit sein, darüber nachzudenken, was dafür spricht, den eigentlichen Tenor der Schriftaussage im übertragenen Sinn zu sehen?

1. Schon vor der christlichen Zeit waren jüdische Schriftausleger der Auffassung, dass diese Schriftstellen auch von Satan sprechen. Im dritten Jahrhundert nach Christus haben einige Kirchenväter diese beiden Schriftstellen so verstanden, dass hier auch von Satans Abfall und Sturz die Rede ist. Diese Lehrmeinung ist also keineswegs eine moderne Erfindung.

2. Einige Aussagen, die dort gemacht werden, können sich unter keinen Umständen nur auf einen Menschen beziehen. Von welchem heidnischen König kann auch nur annähernd gesagt werden: „Der du das Bild der Vollkommenheit warst, voll von Weisheit und vollendeter Schönheit. In Eden, dem Garten Gottes, befandest du dich. Allerlei Edelsteine bedeckten deine Gewandung ... Auf dem heiligen Götterberge weiltest du ... Unsträflich warst du in all deinem Tun vom Tage deiner Erschaffung an, bis Verschuldung an dir gefunden wurde" (Hesekiel 28,12–15)? Wenn dies Worte Gottes, des Herrn, sind (vgl. Hesekiel 28,11), der weder doppelzüngig redet noch übertreibt, dann müssen wir ihnen ihren vollen Wortsinn lassen. Wie könnten sie zutreffen auf einen König von Tyrus, von dem wir einige Kenntnis haben? Selbst wenn diese Aussagen nur poetisch zu verstehen wären, würden sie einem heidnischen König Vollkommenheit zuschreiben, wie es gar nicht denkbar sein kann.

3. Es ist häufig so, dass biblische Prophetie von einer doppelten Erfüllung spricht. Wir unterscheiden darum auch Nah-Prophetie und Fern-Prophetie. Oft hat Gott seine Propheten ermächtigt, Ereignisse zu schauen, die weit jenseits ihrer eigenen Zeit lagen. Andererseits

konnten sie Aussagen machen, die erkennen ließen, dass starke Geistesmächte hinter Vorgängen ständen, die nur Alltagsereignisse zu sein schienen. „Nach diesem Heil haben die Propheten gesucht und geforscht, als sie von der Gnade geweissagt haben, die für euch bestimmt ist; sie haben geforscht, auf welche Zeit und welche Umstände der Geist Christi deutete, der in ihnen war und der die Leiden ankündigte, die über Christus kommen sollten, und auch die Herrlichkeit danach. Ihnen ist offenbart worden, dass sie nicht sich selbst, sondern euch mit ihrer Botschaft dienen sollten..." (1.Petrus 1,10–12). Die prophetischen Schriften beginnen nicht selten mit allgemeinen menschlichen Erfahrungen, gehen aber oft weit über das hinaus, was menschlich und alltäglich ist.

4. Beim Überdenken der messianischen Prophezeiungen zeigt sich uns dasselbe Prinzip. Jene alttestamentlichen Stellen, die ihre messianischen Schatten vorauswerfen und im Neuen Testament als messianisch bestätigt werden, entspringen nicht selten Umständen, die ganz gewöhnlicher Art sind. Dafür ein Beispiel: Wer von uns hätte aus dem Umstand, dass eine eherne Schlange aufgerichtet wurde, den Bezug herstellen können, den unser Herr aussprach (vgl. 4.Mose 21,9 mit Johannes 3,14)?

Einige der Erfahrungen Davids, die in den Psalmen ihren Niederschlag finden, sind ganz persönliche Erfahrungen, aber sie werden in einer Sprache geschrieben, die offensichtlich eine tiefere Bedeutung hat und eine weiterreichende Anwendung meint. Viele solcher Aussagen werden später im Neuen Testament in Beziehung gebracht zu den Erfahrungen des Messias. Psalm 22 ist ein bemerkenswertes Beispiel für dieses Offenbarungsprinzip. Während David von sich selbst spricht, macht er unter der Inspiration des Heiligen Geistes Aussagen, die nur im Messias ihre Erfüllung finden konnten.

Wenn Davids persönliche Erfahrung verflochten werden konnte mit der des größeren David-Sohnes, ist es dann unvernünftig, daraus zu schließen, dass Gott nach ähnlicher Methode die ursprüngliche Vollkommenheit und den verschuldeten Sturz seines Erz-Rivalen offenbarte? Warum sollte er nicht poetische Beschreibungen inspirieren, um uns einen kleinen Eindruck zu vermitteln von Satans früherer Herrlichkeit und Machtfülle?

5. Nach der Bibel hat Satan noch heute weitreichende Macht im gegenwärtigen Weltsystem. Die Bibel sagt:

„Der Gott dieser Welt hat den Sinn der Ungläubigen verblendet, damit sie das helle Licht des Evangeliums nicht sehen..." (2.Kor. 4,4) Wenn wir das wissen, ist es dann unvernünftig, anzunehmen, dass Gott die Propheten befähigt hat, über das feststellbare Böse auf Erden hinaus die Aktivitäten des übergeordneten Bösen in Person zu erkennen, der alles Böse hervorruft und steuert?

Ist es undenkbar, dass hinter den erkennbaren Kräften in der Geschichte der Menschheit ein Reich des Bösen steht? Ist es so unbegreiflich, dass jenseits und hinter den Königen von Babylon und Tyrus der unheilvolle Böse in Person stand, der diese Könige als Instrument benutzte und den die Propheten visionär geschaut haben?

6. Was könnte den „Fürsten dieser Welt" besser veranschaulichen als der König von Babylon, der größten antigöttlichen Macht der damaligen Welt?

7. Selbst wenn wir davon ausgehen, dass die Worte in Jesaja 14,12f nur Poesie sind, würden sie nicht unsinnig klingen auf den Lippen eines heidnischen Königs? Aber als programmhafter Willensausdruck Satans als des mächtigen und nach noch mehr Macht strebenden bösen Geistes, in dessen Hand der König von Babylon nur Instrument gewesen ist, waren jene Worte durchaus angemessen.

8. Falls die empfohlene Interpretation jener Schriftstellen als nicht annehmbar erscheint, würden wir dann nicht völlig im Dunkeln gelassen werden bezüglich der Frage nach dem Ursprung der Sünde, der Herkunft Satans und seiner Absichten als Feind Gottes und des Menschen? Falls jene Schriftstellen aber unter dem vorgenannten Verständnis akzeptabel sind, bringen sie Licht in weite Bereiche der Heiligen Schrift und geben uns Einblick in die Ziele und die Strategie des Teufels.

9. Muss noch betont werden, dass das empfohlene Verständnis in keiner Weise der übrigen Lehre der Heiligen Schrift bezüglich des Teufels und seiner Nachfolger widerspricht, sondern ihm entspricht? Obwohl dieses Schriftverständnis von Jesaja 14 und Hesekiel 28 nicht zur verbindlichen Lehraussage erhoben werden soll, so scheint doch, dass die aufgezeigten Gründe mehr dafür als dagegen sprechen.

Zusammenfassend stellen wir fest:

Das Verständnis der Bibelstellen von Jesaja 14,4–21 und Hes. 28,12–19 als Aussagen über den Teufel...

- stimmt überein mit dem „Tenor" der Heiligen Schrift;
- entspricht der Methode der Schriftauslegung bezüglich anderer prophetischer Texte;
- ist nicht absurd wie andere alte Mythen und Traditionen, sondern maßvoll und glaubwürdig;
- dient dazu, die verzerrten Darstellungen des Teufels zu entlarven, die ihm so sehr geholfen haben, ihn zum Gegenstand des Spottes zu machen und darum seine Existenz nicht ernstzunehmen;
- wirft auf den unsichtbaren Bereich Licht, das uns sonst nicht gegeben wird.

Was können wir daraus entnehmen?

1. Satan wird dargestellt als ein geschaffenes Wesen, das weder Leben in sich selbst noch volles Genüge hat

(Hesekiel 28,13.15). Er hatte aber die Freiheit, sich für das Gute oder Böse zu entscheiden.

2. Wie alle Geschöpfe Gottes ist auch er „als ein sehr gutes Werk“ aus der Hand seines Schöpfers hervorgegangen und nicht als abscheulicher Teufel (Hesekiel 28,12.15).

3. Satan war begabt mit Weisheit und Schönheit (Hesekiel 28,12).

4. Seine Verschuldung ist gleichbedeutend mit dem Anfang der Sünde im Universum (Hesekiel 28,15).

5. Satan hielt an seinem unheilvollen Ehrgeiz fest. Sein Herz war mit Hochmut erfüllt. „Ich will in den Himmel steigen und meinen Thron über die Sterne Gottes erhöhen ... Ich will gleich sein dem Allerhöchsten“ (Jesaja 14,13.14). Im Blick auf Satan und die Geister, die er mit sich zog, schrieb Augustinus: „Bei dem Versuch, die erhabene, ewige Hoheit einzutauschen gegen die Inflation des Hochmuts, die allergewisseste Wahrheit auszuhandeln gegen die Schläue persönlicher Eitelkeit, wurden sie ehrsüchtig, verlogen und neidisch.“

6. Satan wurde ein durch und durch egoistisches Wesen, vernarrt in sich selbst und von dem Gedanken besessen, die Hoheitsrechte Gottes an sich zu reißen (Jesaja 14,13).

7. Das Urteil über ihn lautete: Ausweisung! (Hesekiel 28,16).

8. Der unehrenhafte Sturz der irdischen Könige und Königstümer von Babylon und Tyrus lässt den Sturz des Fürsten der Finsternis und seines Reiches vorausahnen.

9. Das Wesen von Luzifers Sünde wird erkennbar an dem fünffachen „Ich will“ in Jesaja 14,13.14. Er war nicht zufrieden mit der ihm übertragenen Autorität. Er verlangte nach unbegrenzter Machtfülle. Er stand nicht unter einem unausweichlichen Druck, sündigen zu müssen, sondern wählte die Sünde aus freiem Willen.

Eins der ältesten Bücher der Bibel ist das Buch Hiob. Dieses Buch wirft zusätzlich Licht auf die früheren Aktivitäten Satans in unserer Welt. In den Anfangskapiteln wird Satan dargestellt als ein „hervorragender Zyniker am himmlischen Hofe“. In Kapitel 1,8 wird sein Name zum ersten Mal im Alten Testament genannt, wo er unter den Söhnen Gottes (Engeln) vor dem Herrn erscheint. Daraus erkennen wir, dass ihm trotz seines Abfalls noch das Recht zugestanden wurde, in Gottes Gegenwart zu erscheinen. Natürlich tritt er nicht in ehrfurchtsvoller Gesinnung vor Gott, sondern unheimlich gehässig.

Hiob, in alledem völlig unwissend, von Gott als „fromm und rechtschaffen“ bezeichnet, wurde das Kampffeld für einen Test der Stärke zwischen Gott und Satan. Mit der zynischen Frage: „Ist es umsonst, dass Hiob Gott fürchtet“, warf Satan gleichsam den Fehdehandschuh hin. Gott nahm diese Herausforderung an (Hiob 1,12). Satan unterstellte höhnisch, dass Hiobs Ergebenheit in Gott nichts zu tun habe mit Uneigennützigkeit, sondern dass er lediglich von Gott gekauft sei durch bevorzugte Behandlung: „Meinst du, dass Hiob Gott umsonst fürchtet?“ Gewiss, Gott hatte seinen Diener reich gesegnet und wurde von ihm nicht enttäuscht. Aber Hiob blieb ein gottergebener Mann, auch in der Zeit schwerster Rückschläge und bitterster Leiden. Hiob gab seinen Glauben nicht auf. Von diesem Kampffeld kam Satan als ein Geschlagener zurück. Hiob bezeugte glaubwürdig, dass seine Gottergebenheit in der Tat uneigennützig war. Fassen wir zusammen, welche wichtigen Wahrheitsmomente sich daraus ergeben:

Weil Satans Macht unter göttlicher Kontrolle steht und die ihm von Gott gesetzten Grenzen nicht überschreiten kann, hat Gott ihm noch Macht belassen. Satan konnte die Sabäer zu einem Überfall anstacheln, ebenso die Chaldäer. Er konnte es bewerkstelligen, dass Hiobs Knechte zu Tode kamen und das Vieh geraubt wurde (Hiob 1,15.17). Er hatte die Macht, ein Gewitter zu entfachen, und konnte das Haus unter einem Wirbelsturm zusammenstürzen lassen, so dass Hiobs Kinder darunter begraben wurden (Hiob 1,16.19). Auch konnte er Hiob selbst angreifen mit lästigen Krankheiten (Hiob 2,7).

In Hiob 1,7 beschreibt Satan seine Tätigkeit damit, dass er die Erde durchstreift. Wie ein Spion kundschaftet er aus, auf welche Weise er Menschen anklagen kann.

So früh in der Geschichte der Menschheit – Hiob war wahrscheinlich ein Zeitgenosse Abrahams – hat Gott den Seinen einen Einblick gegeben in die Vorgänge der unsichtbaren Welt und damit zugleich auch in die Taktik ihres Feindes.

Namen und Wesensart

Das Alte Testament zeigt uns Satan an vielen Stellen als den, der allen Segnungen für den Menschen widersteht. Doch spielt er seine Rolle so gut, bringt er seine Anklagen so wohlüberlegt vor, dass viele Kommentatoren vom Satan des Alten Testamentes so reden, als sei er eine Art geistlicher Generalstaatsanwalt, der das Übel strafrechtlich verfolgt, wo immer er es finden kann. Seinen eigentlichen Charakter und seinen wahren Namen erfahren wir erst durch Jesus Christus, dem Satan hier auf Erden entgegentritt. Da wird er zum ersten Mal frei heraus Teufel genannt.

Für den Menschen unserer Tage und Welt hat der Name nicht viel mehr als Gefühlswert. Doch in den Ländern des Orients war das anders und ist es zum Teil noch heute so. Das traf besonders für die biblische Zeit zu. Für die Menschen dort waren Namen zugleich Beschreibungen.

Zuweilen lag in dem Namen die Aussage des elterlichen Glaubens, so bei Elia, dessen Name bedeutet „Jahwe ist mein Gott". Jakobs Name wurde in „Israel" geändert. Aus dem „Betrüger" wurde der „Gottesstreiter". Manchmal beschrieb der Name auch etwas Auffälliges am Erscheinungsbild des Menschen wie bei Esau, dessen Name „rot" bedeutet, oder bei Laban, dessen Name nichts anderes als „blond" heißt.

In der Heiligen Schrift finden wir einen charakteristischen Zug der Selbstoffenbarung Gottes uns Menschen gegenüber, der im Gebrauch der Gottesnamen liegt. Für die Personen der göttlichen Trinität gibt es eine überraschende Vielfalt von Namen und Titeln. Dr. T. C. Horton kann in seinem Buch *„The Wonderful Names of our Wonderful Lord"* nicht weniger als 365 Bezeichnungen zusammenstellen. Jede dieser Bezeichnungen offenbart eine neue Seite von Gottes Wesensart und Beziehung zu uns Menschen. Gottes Selbstoffenbarung durch Namen und Titel vollzieht sich in einer fortschreitend deutlicheren Weise. Schritt für Schritt wird uns Gottes Person, werden uns seine Wesensart und Eigenschaften bekannter.

Auf eine ebenso progressive Weise werden uns durch Namen und Titel Wesensart, Charakter und Tätigkeit des Teufels entfaltet. Zumindest dreißig verschiedene Namen gebraucht die Bibel, um seine Person zu skizzieren und sein Werk zu beschreiben. Es ist bedeutsam, dass sein Name und seine Wesensart erst voll offenbart wurden, als Jesus kam. Jesus brachte ihn ins Licht der Öffentlichkeit. Im Alten Testament wirkt er mehr als schattenhafte Figur. Ein Überdenken der häufigsten Namen wird uns bereits genügend Licht für unsere Nachforschungen geben.

Satan

Dieser Name bedeutet „Gegner, Widersacher" und wird in der Bibel so oft erwähnt wie der aller anderen Engel zusammen. Der gleiche Ausdruck wird vom Hebräerbrief zwar auch für menschliche Widersacher gebraucht (vgl. 1.Könige 11,14.23.25), aber doch vorwiegend dann, wenn es sich um den Teufel handelt. In 56 Bibelstellen tritt er immer als der Widersacher Gottes und der Menschen auf. Im Buch Hiob ist er der, der den treuen Diener Gottes verdächtigt. Er ist es auch, der der Sache Gottes hinderlich im Wege steht. „Ich, Paulus, wollte sogar mehr als einmal zu euch kommen, doch der Satan hat uns daran gehindert" (1.Thess. 2,18). Er wird durchgängig als eine böswillige und heimtückische Persönlichkeit beschrieben, als Feind Gottes und des Menschen, der sich gegen alles segensreiche Wirken Gottes stellt.

Teufel

Dieser Name kommt 35 mal in der Heiligen Schrift vor. Er wird von dem griechischen Wort „Diabolos" (Durcheinanderwerfer, Entzweier) abgeleitet, das schon die Septuaginta für die Übersetzung des hebräischen Wortes „Satan" benutzt hat; aber auch von einem hebräischen Wort, das soviel wie „haarig" oder „behaart" bedeutet und ebenso gebraucht wird, wenn es um einen Ziegenbock oder einen Satyr geht (Jesaja 13,21; 34,14). Könnte hier der Ansatz liegen für die volkstümliche Vorstellung vom Teufel als einem behaarten Wesen mit Hörnern und Hufen? Satyre waren nach damaliger Vorstellung dämonische Geister, die wüste Gegenden bewohnten und durch Opfer besänftigt werden mussten.

Mit dem Ausdruck „Teufel" verbindet sich der Gedanke an den „Verleumder", den „heimtückischen Ankläger". Es war der Teufel, der Jesus in der Wüste versuchte. Im Garten Eden verleumdete er Gott Eva gegenüber, stellte Gottes Integrität in Frage und zog seine Liebe in Zweifel. Er verleumdete Hiob Gott gegenüber und tat so, als sei dessen Gottergebenheit weit entfernt von echter, uneigennütziger Hingabe.

Der Teufel fühlt sich dann besonders wohl, wenn er seine eigenen Charakterzüge auf ein Gotteskind übertragen kann und es soweit bringt, dass ein Christ den anderen verleumdet. Nichts zerstört die Einheit im Geist nachhaltiger als diese Taktik des Feindes. Hier sollte der Christ besonders wachsam sein.

Beelzebub

Im Alten Testament wird Beelzebub als die Gottheit der Philister von Ekron erwähnt. Es war jene Gottheit, die der König Ahasja befragen lassen wollte (2.Könige

1,2.16). Im Neuen Testament wird Beelzebub in Matthäus 12,24 erwähnt, und zwar als „Oberster der Dämonen".

Von der Wortbedeutung her heißt Beelzebub „Herr der Fliegen". Das brachte ihm auch die Bezeichnung „Schutzgeist der Fäulnis" ein. Eigentlich eine sehr passende Bezeichnung für Satans Aktivitäten, der nichts anderes als Verderben bringt.

Der Teufel verdirbt alles, was er „anpackt". Er verdirbt das persönliche Leben, indem er fälschlicherweise zur „neuen Moral" ermutigt. Er verdirbt das gesellschaftliche Leben durch Trunkenheit, Ausschweifung und Süchte und das politische Leben durch Bestechung und Unaufrichtigkeit. Ebenso verdirbt er die christliche Lehre durch Infiltration dämonischer Gedanken. Sein heimtückischer, verderblicher Einfluss erstreckt sich auf alles menschliche Denken und Handeln.

Vor diesem Hintergrund mögen wir ermessen, welch eine gotteslästerliche Unterstellung es war, zu behaupten, Jesus würde die Dämonen durch Beelzebub, den Obersten der Dämonen, austreiben; denn Jesus setzte Beelzebub und Satan gleich (Matthäus 12,26).

Schlange

In Offenbarung 12,9 ist die Rede von der alten Schlange, wie der Teufel auch genannt wird. Der Prophet Jesaja (27,1) nennt ihn Leviathan, die fliehende, die gewundene Schlange. Jesus selbst charakterisiert Arglist und Heuchelei mit der Bezeichnung „Schlange" (Matthäus 23,33). Paulus gibt eine ähnliche Beschreibung: „Ich fürchte aber, dass, wie die Schlange Eva mit ihrer List verführte, auch eure Gedanken von der ungeteilten Hingabe an Christus abgewendet werden könnten" (2. Korinther 11,3).

Der eine, der später als Teufel identifiziert wird, erscheint auf den ersten Blättern der Bibel unter diesem

Namen: „Und die Schlange war listiger als alle Tiere auf dem Felde“ (1.Mose 3,1). In Sprüche 22,3 wird dasselbe Wort nicht mit listig, sondern mit „klug“ übersetzt. Die Weisheit, mit der Satan begabt worden war vor seinem Abfall, entartete zu listiger, übler Verschlagenheit. Das hebräische Wort „nachasch“, das mit Schlange übersetzt wird, kann vom Wortstamm her sowohl „zischen“ als auch „scheinen, strahlen“ heißen und stellt Satan dar als den „Strahlenden“.

Dieser hintergründige Tatbestand mag mitzählen, wenn es darum geht zu verstehen, warum Eva von Satans Annäherung weder abgestoßen noch angewidert wurde. In der alten Welt galt die Schlange als Gegenstand der Verehrung. In der modernen, „hochgestochenen“ Welt ist es nicht anders. Mit welchem Aussehen auch immer jenes Geschöpf erschien, von dem Satan einst Besitz ergriffen hatte, es war so eindrucksvoll und seine Annäherung so zwanglos natürlich, dass Eva weder Furcht noch Argwohn empfand.

Mörder

Es war kein anderer als unser Herr, der den Teufel mit diesem Titel belegte. „Ihr habt den Teufel zum Vater“, sagte er zu den Juden, „und was eurem Vater gefällt, wollt ihr tun. Der ist von Anfang an ein Mörder gewesen und steht nicht auf dem Boden der Wahrheit; denn die Wahrheit ist nicht in ihm“ (Johannes 8,44).

„Ihr sucht mich zu töten“, klagt Jesus sie an. „Ihr tut, was ihr von eurem Vater gehört habt“ (Johannes 8, 37.38). Vom Morgengrauen der Menschheitsgeschichte an gehörte es zu Satans Leidenschaft, zu töten und zu verderben. Und unser Herr bestätigt diese teuflische Eigenschaft in seiner Gleichnisrede: „Ein Dieb kommt nur, um zu schlachten und umzubringen“ (Johannes 10,10).

Der erste Brudermord in der Familie unserer Ureltern zeigt die Handschrift des Teufels. Seit jener Tragödie ist der Mord in der menschlichen Gesellschaft heimisch geworden. Die Tatsache, dass dieses Verbrechen ein so erschreckendes Ausmaß angenommen hat, verrät die zunehmende Aktivität Satans gegen Ende der Weltzeit. Während einer einzigen Woche, als ich in der City von Manila war, wurde dort von nicht weniger als 49 Morden berichtet. Die Heilige Schrift spricht davon, dass der Satan seine mörderische Tätigkeit bis vor die Tore des Himmels ausweiten wird (Offenbarung 17,14).

Brüllender Löwe

Zum Charakterzug eines Löwen gehört es, dass er sein Opfer heimlich anpirscht. Vor diesem Hintergrund sagt der Apostel Petrus: „Euer Widersacher, der Teufel, geht umher wie ein brüllender Löwe und sucht, wen er verschlingen kann“ (1.Petrus 5,8). Wie beim Löwen, so ist auch Satans Absicht nur diese: Beute machen, töten! Er kündigt seine Absichten vorher nicht an. Er verrät nichts von seiner Nähe, bis er zum entscheidenden Schlag ausholen kann. Er brüllt erst, wenn er seine Beute hat, nicht vorher.

Unter dieser Maske ist es das Ziel des Widersachers, die Herzen seiner Opfer mit Schrecken zu erfüllen. Wie bitter seine Erfolge für die Betroffenen sind, können wir an den Menschen, ihren Gewohnheiten und ihrer Dämonenfurcht ablesen, die noch unter der Herrschaft des Animismus leben.

Es liegt ebenfalls in dieser Linie, wenn der Teufel gegen junge Kirchen und Gläubige Blitzkriege der Verfolgung entfacht. Der Toradja-Kirche im indonesischen Sulawesi ist es so ergangen, als fanatische Moslems aus der Nachbarschaft eine entsetzliche Verfolgung in Gang brachten.

Christen wurde gekreuzigt, in Tierhäute eingenäht oder in Flüsse geworfen. Trotz aller Unmenschlichkeiten, die dieser Löwe zu Stande brachte, blieb die Kirche nicht nur bestehen, sondern wuchs. In den letzten dreißig Jahren hat sie sich dort vervierfacht und zählt heute bereits über 180 000 Gemeindeglieder.

Es gibt keine Einzelperson, keine Kirche und keine Missionsgesellschaft, auf die Satan nicht ein waches Auge hätte. Er ist ständig auf dem Plan. Darum der Rat des Petrus: „Seid nüchtern, wachet!" Man hat den Teufel auch „Satan ohne Sabbat" genannt, denn er ist immer im Dienst.

Seine Taktik wechselt er meisterhaft, und er passt sich seinem Opfer an, dem er nachsetzt. Gegenüber dem wilden Heiden mag die eindrucksvollste Art die des brüllenden Löwen sein. Dem Menschen mit beeindruckender Lebensphilosophie mag er als „Engel des Lichts" begegnen: „Denn der Satan selbst verkleidet sich als Engel des Lichts..." (2. Korinther 11,14).

Lügner

Satan kann auch die Wahrheit sagen. Doch unser Herr macht darauf aufmerksam, dass Satan die Wahrheit nur als Mittel zur Lüge benutzt. Wenn er schon die Wahrheit sagt, so benutzt er sie für keinen guten Zweck. Alles, was Satan tut, ist falsch, übel, durchtrieben.

Jesus hat gesagt: „Er steht nicht auf dem Boden der Wahrheit; denn die Wahrheit ist nicht in ihm. Wenn er die Lüge redet, so spricht er aus, was in ihm ist; denn er ist ein Lügner und der Vater der Lüge" (Johannes 8,44). Satan ist die Quelle aller Falschheit, aller Täuschung, aller Tricks in dieser Welt. Und wenn er sich als Anwalt des göttlichen Gesetzes gibt, dann nur deshalb, um es auszuhöhlen. Er verfälscht die Wahrheit, vermischt sie mit Irrtum und das alles so meisterhaft, dass auch die Auserwählten verführt werden. Als der Vater der Lüge ermutigt er zur Heuchelei, zu Übertreibung und Betrügerei.

Versucher

Dieser Ausdruck kommt im Neuen Testament zweimal vor. Als unser Herr in der Wüste versucht wurde, heißt es: „Der Versucher trat zu ihm und sagte ..." (Matthäus 4,3). Der Apostel Paulus gebraucht diesen Ausdruck ebenfalls: „Darum habe ich's auch nicht länger ertragen und habe ihn gesandt, um zu erfahren, wie es um euren Glauben steht, ob der Versucher euch etwa versucht hat und unsre Arbeit vergeblich war" (1. Thessalonicher 3,5).

Das Verb „versuchen" wird in der Heiligen Schrift in einem doppelten Sinn gebraucht: Einmal in neutralem Sinn, dann bedeutet es soviel wie „testen", zum Beispiel beim Läutern des Goldes. Zum anderen wird dieses Verb aber auch benutzt, wenn es um das Versuchen zum Bösen geht.

Verfolgungen und Versuchungen sind Vorkommnisse, die sowohl in Beziehung zu Gott als auch zum Satan stehen. Dasselbe Ereignis kann darum beides bedeuten, ein Test und eine Versuchung. Denken wir nur an die Versuchung Josephs durch die Frau des Potiphar. Ein Mann Gottes muss mit beiden Erfahrungen rechnen. Satan versucht mit dem Ziel, uns in äußerste Bedrängnis zu bringen. Gottes Absicht ist, uns zu stärken und zuzurüsten in der Heiligung, denn Gott versucht niemanden zum Bösen (Jakobus 1,13).

Sowohl im Hebräischen als auch im Griechischen werden Wortpaare gebraucht, die zwischen beiden Bedeutungen unterscheiden. So meint ein Wortpaar: „Testen unter dem Gesichtspunkt, das Gold von allem Beiwerk zu reinigen". Die hierfür gebrauchten Worte werden immer im „guten" Sinn verwandt und meinen Prüfungen, die von Gott kommen.

Das andere Wortpaar will sagen: „Prüfen, um auszukundschaften, wo der schwache Punkt liegt", ähnlich einer militärischen Aktion. Die Absicht, die dahinter steckt, ist immer böse.

Der Teufel hat keinen größeren Wunsch als den, zur Sünde zu versuchen, ins Unrecht zu treiben. Das tat er auch mit den himmlischen Geistern, die „seine Engel" genannt werden, und brachte es dahin, dass sie ihren „ersten Rang und Stand" verloren haben (Matthäus 12,24; Judas 6; Offenbarung 12,7). Alles zielt darauf ab, Gottes Gnadenabsicht mit dem Menschen zu vereiteln, indem Satan den Menschen dazu versucht, Gott gegenüber seinen Gehorsam und seine Ergebenheit aufzukündigen. Des Teufels Taktik dabei ist die, selbst in der Versuchung unerkannt zu bleiben.

Drache

Diese Bezeichnung für den Satan finden wir nur im Buch der Offenbarung. „Siehe, ein großer roter Drache erschien am Himmel. Michael und seine Engel nahmen den Kampf gegen den Drachen auf. Auch der Drache und seine Engel kämpften, doch sie konnten nicht standhalten" (Offenbarung 12,3.7.8).

Das Wort „Drache" war gebräuchlich für jedes große Land- oder See-Ungeheuer. In der Offenbarung geht es um ein apokalyptisches Ungeheuer. Für die Griechen war der Drache ein Fabelwesen geheimnisvoller Art, schrecklich und grausam, zudem von Furcht erweckender Stärke. In diesem Kapitel wird der Drache dargestellt als der, der nur ein Ziel im Auge hat: die Zerstörung der Gemeinde Jesu Christi (12,4). Drache ist nur ein anderer Name für Teufel oder Satan (12,9).

Böser

Wie Gott die Verwirklichung alles Guten und Heiligen ist, so ist der Böse die Verwirklichung alles Üblen und Unheiligen. In ihm erreicht das Böse seinen Tiefpunkt. Sein schlechter Einfluss durchdringt alles. „Wir wissen ..., dass die ganze Welt in der Gewalt des Bösen ist", schreibt Johannes (1.Johannes 5,19). Das sprachliche Bild ist das eines Menschen, der in den Armen des Bösen liegt, ohne es zu ahnen.

Verkläger der Brüder

Ernest Renan beschreibt Satan „als den böswilligen Kritiker der Schöpfung". Hier haben wir einen weiteren Gesichtspunkt von den unheilvollen, immer neuen Angriffen des Teufels gegen den Christen, der bestrebt ist, sein Leben mit Gott zu führen.

Der Vater der Lüge kann die Wahrheit sprechen, wenn es in seine Buchführung passt. Ansonsten aber spielt es für ihn keine Rolle, ob seine Anklagen gegen den gläubigen Menschen berechtigt sind oder nicht. Er bringt sie vor, um ihm den Frieden zu rauben oder seinen Dienst zu ruinieren. Das Band von Anklagen reißt nicht ab. So kann das Gefühl entstehen, verdammt zu sein. Was hindert wohl die Gebetserwartung, erhört zu werden, mehr, als ein anklagendes Gewissen? „Ihr Lieben, wenn uns unser Herz nicht verurteilt, können wir mit Zuversicht zu Gott kommen, und was wir bitten, werden wir von ihm bekommen" (1. Johannes 3,21.22).

Als der Verkläger Martin Luther ins Gewissen redete und ihm alle seine Sünden bewusst machte, gab Luther bußfertig zu, dass diese Sünden von ihm begangen wurden. Aber dann entgegnete er dem Ankläger: „Nun schreibe quer darüber: Das Blut Christi, seines Sohnes, reinigt uns von aller Sünde (1.Johannes 1,7)." Das ist die richtige und angemessene Antwort auf alle Anklagen Satans.

Der Einzige, der ein Recht hat, die Stimme gegen uns zu erheben, ist der Eine, gegen den wir gesündigt haben. Und was sagt er dem bußfertigen Sünder? „Dann verdamme ich dich auch nicht; geh hin und sündige nicht mehr“ (Johannes 8,11). Aus der vollen Freude über die göttliche Absolution schrieb der Apostel Paulus: „Wer will die Auserwählten Gottes beschuldigen? Wer will verdammen?“ (Römer 8,33). Gewiss nicht Christus, der für unsere Sünden gestorben ist, um sie hinwegzutun. Darum wollen wir uns nicht länger von der Verurteilung des Anklägers schrecken lassen, sondern uns erheben und das Schwert des Geistes gebrauchen.

Fürst dieser Welt – Gott dieser Welt

Dieses Thema soll später noch vollständiger behandelt werden. Es mag zunächst genügen, dass Jesus den Satan als Fürst oder Regent dieser Welt bezeichnet hat. „Der Fürst dieser Welt kommt...“ (Johannes 14,30). Paulus spricht von ihm als dem Gott dieser Welt: „Der Gott dieser Welt hat den Sinn der Ungläubigen verblendet“ (2.Korinther 4,4).

Es kommt klar zum Ausdruck, dass er das gegenwärtige, gottlose Weltsystem beherrscht. Er gilt als der Regent einer Welt, die so angelegt ist, dass in ihr für Gott kein Raum bleibt; einer Welt, die auf der Grundlage von Egoismus und Habgier aufgebaut ist; einer Welt, die sich selbst zum Ausdruck bringt in atheistischer Philosophie und ungezügelter Gewalttätigkeit. Er besitzt die Macht des Todes (Hebräer 2,14), doch nicht für immer. Jesus hat gesagt: „Jetzt ergeht das Gericht über die Welt; nun wird der Fürst dieser Welt ausgestoßen werden“ (Johannes 12,31).

Machthaber, der in der Luft herrscht

„Früher, habt ihr nach der Art dieser Welt gelebt, unter dem Machthaber, der in der Luft herrscht" (Epheser 2,2). Oft wird die Frage gestellt, was denn mit „Luft" im Zusammenhang mit dem Teufel gemeint ist. Sollen wir diese Aussage wörtlich oder bildhaft verstehen? William Hendriksen behandelt diese Frage recht hilfreich in seiner Epheser-Auslegung. Er schreibt dazu:

„Wenn nach der Lehre der Heiligen Schrift die bösen Geister irgendwo sein müssen, sich im gegenwärtigen Zeitalter jedoch auch nicht auf die Hölle zu beschränken haben, erscheint es uns dann so seltsam, dass Epheser 2,2 vom ‚Machthaber, der in der Luft herrscht', spricht? Ist es nicht begreiflich, dass der Böse in der Lage sein kann – soweit es ihm nach Gottes Ratschluss erlaubt wird –, sein heimtückisches Werk fortzusetzen, indem er seine Legionen auf diese Erde oder bis in die sie umgebende Lufthülle sendet?"

Weist nicht Epheser 6,12 in die gleiche Richtung? Diese Schriftstelle lehrt in Verbindung mit anderen deutlich, dass Gott den überirdischen Bereich bewohnt mit ungezählten Heerscharen, in den niederen Regionen aber die Untertanen des Satans ihr zerstörerisches Werk treiben.

Von den dreißig Namen und Titeln, mit denen Satan bezeichnet wird, haben wir uns vierzehn in ihrer Bedeutung bewusst gemacht.

Als der Bibelübersetzer J.B. Phillips von Fernsehreportern gefragt wurde, was ihm die Bibelübersetzung persönlich erbracht habe, da er sich ja in den Text vertiefen musste, hat er geantwortet: „Bei der Arbeit am Text hob sich für mich immer deutlicher eine Person ab, die größer ist als wir Menschen, nach der ich mich nur unglaublich sehnen konnte. Über dem Gedanken an die Menschwerdung, an die unvorstellbare Demut Gottes, wurde ich von tiefer Ehrfurcht ergriffen."

Welches Bild haben wir nun anhand der Namen vom Teufel gewonnen?

Affe Gottes

Es war Augustinus, der den Teufel „simius dei", Affe, bzw. Nachäffer Gottes genannt hat. Diese wohlbegründete Behauptung wird unterstützt durch die Warnung des Apostels Paulus in 2.Korinther 11,13.14: „Denn diese Leute sind falsche Apostel, unehrliche Arbeiter, und verkleiden sich als Apostel Christi. Und das ist auch kein Wunder; denn der Satan selbst verkleidet sich als Engel des Lichts."

In Offenbarung 13,11 schreibt Johannes: „Und ich sah ein zweites Tier aus der Erde heraufsteigen; das hatte zwei Hörner wie ein Lamm und redete wie ein Drache." Die Identität des Tieres ist vom Textzusammenhang her klar. Der Drache äfft das Lamm nach. So ahmt Satan Gott nach. Er baut sein eigenes, verfälschtes religiöses System auf, um das Christentum nachzuahmen.

Satan hat seine eigene Trinität, bestehend aus dem Teufel, dem Tier und dem falschen Propheten (Offenbarung 16,13). Er unterhält auch seine eigene Kirche, die „Synagoge des Satans" (Offenbarung 2,9). Er hat seine eigenen Diener, die „Diener Satans" (2.Korinther 11,14.15). Er verfügt über eine selbstverfasste Theologie, die „Lehren böser Geister" (1. Timotheus 4,1). Er hat ein eigenes Opfer-System geschaffen. „Was die Heiden opfern, das opfern sie den bösen Geistern" (1.Korinther 10,20). Er hat auch seinen eigenen Abendmahls-Gottesdienst, „den Kelch der Dämonen und den Tisch der Dämonen" (1.Korinther 10,20.21). Seine Diener verkünden ein eigenes Evangelium, nämlich ein „anderes

Evangelium“, das im Gegensatz zu dem steht, was der Apostel Paulus gebracht hat (Galater 1,7.8). Er hat seinen eigenen Thron (Offenbarung 13,2) und seine eigenen Anbeter (Offenbarung 13,4).

In seinem eigenen religiösen System hat Satan das Christentum meisterhaft nachgeahmt. Es passt zu seiner Rolle als Imitator Gottes, wenn er „falsche Christusse“ und „selbsternannte Messiasse“ inspiriert (Matthäus 24,4.5). Er beschäftigt „falsche Lehrer“, Spezialisten seiner Theologie, die verderbliche Sekten einführen und den Herrn Jesus Christus verleugnen (2.Petrus 2,1). Sie haben Erfahrung darin, Wahrheit und Irrtum so wohlproportioniert miteinander zu vermischen, dass sogar der Irrtum schmackhaft wird. Sie führen ihr Werk heimlich durch und bleiben oft unerkannt.

Satan sendet falsche Propheten aus. „Und es werden viele falsche Propheten auftreten und werden viele in die Irre führen“ (Matthäus 24,11). Er schleust falsche Brüder in die Gemeinde ein, „die sich einschleichen, um die Freiheit auszukundschaften, die wir in Christus Jesus haben, und uns zu Knechten zu machen“ (Galater 2,4). Er unterstützt falsche Apostel, die die wahren nachahmen (2.Korinther 11,15).

Es ist treffend gesagt worden: „Alles, was Jesus Christus, der Herr, gut tut, karikiert der Teufel zur Lächerlichkeit oder verkehrt es ins Böse.“

Erschreckende Gegensätze

Die Wesensart des Teufels hebt sich konturenscharf ab von dem Heiligen Geist und seinem gnadenvollen Wirken. Er steht in jeder Beziehung im Widerspruch zum Heiligen Geist. Der Heilige Geist wurde vom Vater und vom Sohn gesandt, um die Kinder Gottes zu erneuern, zu heiligen und für den Dienst Gottes zuzurüsten. Satan hat aber nichts anderes im Sinn, als Menschen von Gott und Gottes Heil abzubringen und den Fortschritt des Evangeliums zu hindern.

Das bezeugt die Heilige Schrift:

- Der Heilige Geist ist der Geist der Wahrheit. Der Teufel ist der Geist des Irrtums (1. Johannes 4,6).
- Der Heilige Geist ist der Geist der Wahrheit, der Teufel ist der Vater der Lüge (Johannes 14,17; 8,44).
- Der Heilige Geist ist ein lebenspendender Geist, der Teufel war ein Mörder von Anfang an (1.Korinther 15,45; Johannes 8,44).
- Der Heilige Geist ist ein heiligender Geist, der Teufel ist der Herausgeber alles Bösen (Römer 1,4; Matthäus 6,13).
- Der Heilige Geist wird verglichen mit einer Taube. Der Teufel gleicht einer schleichenden Giftschlange (Matthäus 3,16; Offenbarung 12,9).
- Der Heilige Geist ist unser Helfer, der Teufel ist unser Widersacher (Römer 8,26; 1.Petrus 5,8).
- Der Heilige Geist ist unser Tröster und Fürsprecher, der Teufel ist unser Verleumder (Johannes 14,16; Hiob 1,9–11).
- Der Heilige Geist verleiht dem Menschen Ausdrucksfähigkeit, der Teufel macht ihn stumm (Apostelgeschichte 2,4; Markus 9,17).

Wie der erste Adam verlor

Aus der Geschichte Satans werden uns zwei wichtige Ereignisse offenbart. Sie fallen in die Zeit zwischen Satans Abfall von Gott und das noch ausstehende Gericht über den Satan. Das erste Ereignis war die Begegnung Satans mit dem ersten Adam und sein Triumph über ihn. Da entwand er ihm den Herrscherstab, als es ihm gelang, sich den Gehorsam des Menschen gegenüber seinen eigenen Vorstellungen zu sichern. Dieses irdische Zepter behielt Satan mit dem Recht des Eroberers, ohne dafür je – so scheint es – von Gott herausgefordert worden zu sein, bis der zweite Adam kam... Satan begegnete ihm in der Wüste. Er bot ihm alles an, was er vom ersten Adam gewonnen hatte, nämlich die Reiche dieser Welt. Er tat es mit dem Ziel, auch den zweiten Adam als gehorsamen Diener und Anbeter zu gewinnen.

Wie siegreich Satan auch über den ersten Adam gewesen sein mag, im zweiten Adam aber begegnete er dem, der ihm zum letztgültigen Gericht wurde.

Bevor wir uns der eigentlichen Versuchung nach 1. Mose 3 zuwenden, müssen wir noch auf eine wichtige Frage eingehen: Wie sollen wir diese Erzählung auslegen? Ist sie mythisch oder historisch zu verstehen? Seit Jahrhunderten ist dies ein theologischer Zankapfel. Wir können uns darüber nicht verbreitern, wollen aber kurz die verschiedenen Standpunkte betrachten.

Der Sündenfall – ein Mythos?

Befürworter des mythischen Verständnisses behaupten, dass die Erzählung eine Sage sei, die die Wahrheit in poetischer Form enthalte, wie sie wahrscheinlich dem Volksgut jener Zeit entnommen wurde. Der besondere Baum im Paradies – beispielsweise – kommt in den meisten Religionen vor. Dieser Standpunkt lässt aber einige wichtige Fragen ohne Antwort:

1. Warum spricht Jesus vom Paradies so, wie man von einer historischen Tatsache spricht (Matthäus 19,5–9; Markus 10,2–9; Johannes 8,44)? Wenn er sich im Blick auf den Ursprung der menschlichen Schuld geirrt hat, können wir dann seinen Aussagen über die Befreiung von Sünde trauen?

2. Hat Paulus sich dann nicht ebenso geirrt, wenn er sich speziell bei Adam und Eva als auf historische Persönlichkeiten bezieht? „Die Schlange verführte Eva mit ihrer List" (2.Korinther 11,3). „Adam wurde zuerst geschaffen, danach Eva. Und nicht Adam wurde verführt, sondern die Frau wurde verführt und ist der Versuchung erlegen" (1. Timotheus 2,13.14). Paulus gründet seine Lehre von der Sünde auf den historischen Charakter der Genesis-Erzählung (Römer 5,12ff). Wer sie als Sage hinstellt, untergräbt den gesamten Lehrinhalt des Apostels.

3. In diesem Kapitel finden wir nirgendwo die charakteristischen Züge hebräischer Poesie.

4. Falls die Heilige Schrift nicht ein historisches Ereignis wiedergibt, wo hat dann die menschliche Schuld ihren Ursprung? Ist es vernünftig, anzunehmen, dass Gott uns zwar alles über das Heil offenbart hat, aber keine Antwort auf die Frage nach dem Ursprung der Sünde gegeben hat, von der wir doch erlöst werden sollen?

Der Sündenfall – eine Allegorie?

Befürworter des parabolischen oder allegorischen Verständnisses, die den vermeintlich historischen Charakter als Symbol für etwas anderes ansehen, stoßen gleichfalls auf Probleme. Die ungekünstelte Art und Schlichtheit der Erzählung sprechen dagegen. Ihr fehlen die charakteristischen Merkmale einer Parabel. Sollte dies eine Parabel sein, dann gäbe es dafür keine Parallele in der ganzen Heiligen Schrift.

Was die Möglichkeiten einer Allegorie betrifft, so sei nur an John Bunyans „Pilgerreise“ erinnert. Hat jemals einer diese unsterbliche Allegorie für Geschichte gehalten im eigentlichen Sinn des Wortes? Die Allegorie scheint doch auf jedem Blatt dieses Buches deutlich hindurch.

Anhänger des allegorischen Verständnisses haben Schwierigkeiten, ihre Auslegung durchzuhalten. Wofür soll das Paradies ein Sinnbild sein? Und die Tiere? Worin bestand die Versuchung? Wenn 1. Mose 3,16 bis 18 nur Symbol ist, worin lag dann die Strafe? Wer war der Versucher? Dieser Standpunkt scheint nicht weniger Schwierigkeiten zu bereiten, als er behebt.

Der Sündenfall – ein Geschehen?.

Der historische oder wortgetreue Standpunkt behauptete nichts weiter als nur dies, dass der biblische Bericht in seinem natürlichen und ungefilterten Sinn verstanden werden muss. Auch für den Rest des Kapitels muss die Auslegung unter diesem Gesichtspunkt durchgehalten werden. Es gibt für diese Auffassung gute Gründe.

1. Im Bibeltext selbst finden wir keinen Hinweis auf ein allegorisches Verständnis.

2. Christus und die biblischen Autoren beziehen sich auf diesen Text bis in Einzelheiten hinein als auf ein historisches Ereignis.

3. Die geographischen Angaben sind historisch.

4. Die Ureltern der Menschen müssen historische Persönlichkeiten gewesen sein und nicht mythische, allegorische oder legendäre Wesen. Als solche müssen sie auf der Erde gelebt und sich von ihren Früchten ernährt

haben. Weder sie noch die Früchte der Erde waren legendär.

5. Der Fluch über den Mann, die Frau und den Ackerboden ist – schmerzlich genug – wortgetreu eingetroffen.

Auf dieser Basis wollen wir nun die Versuchung des ersten Menschenpaares weiter betrachten. Das „hermeneutische Gesetz der Ersterwähnung" in der Heiligen Schrift besagt: Wenn eine Person oder eine Sache zum ersten Mal erwähnt wird, dann stehen damit meist andere grundlegende Aussagen in Verbindung, durch die Licht fällt auf den späteren Gebrauch der Erstaussage. So werden uns mit der Versuchungsgeschichte des ersten Adams im Paradiesgarten wichtige Hinweise auf Wesensart und Arbeitsweise des Versuchers – damals in Gestalt der Schlange – gegeben, der erst später als Satan identifiziert wird. Obwohl Satan hier nicht ausdrücklich erwähnt worden ist, setzen Paulus und Johannes ihn mit der Schlange gleich (2.Korinther 11,3.14; Offenbarung 12,9).

Die Schlange

Der hebräische Wortstamm für Schlange bedeutet „scheinen". Vor dem Hintergrund des über die Schlange ausgesprochenen Fluches ist es ein vernünftiger Rückschluss anzunehmen, dass die Schlange im Paradiesgarten noch nicht das war, was wir heute unter einer Schlange verstehen, vor der fast alle Menschen eine Abneigung haben. Vielmehr müssen Schönheit und blendender Zauber ihre charakteristischen Merkmale gewesen sein. Wie dem auch sei, offenbar ging von der Schlange nichts aus, das Eva zurückschrecken ließ, nichts, das Argwohn weckte gegenüber einer verborgenen, bösen Absicht.

Bei sorgfältigem Lesen der Textstellen wird deutlich,

dass hier eine Spitzfindigkeit am Werk ist, die mit einer Schlange nichts mehr zu tun hat. Niemals wäre eine vernunftlose Kreatur in der Lage, solch welterschütternde Ereignisse heraufzubeschwören, und dies so wohldurchdacht einzufädeln, wie der Text es aufzeigt. Es ist der Gedanke geäußert worden, dass das Sprachwunder bei Bileams Esel ein göttliches Wunder war; das Sprachwunder bei der Schlange aber war ein teuflisches.

Wenn angenommen wird, dass es keine Versucher im objektiven Sinne gegeben habe, sondern das Gespräch nur einen Konflikt in Evas eigener Seele deutlich macht und dieser Konflikt in Form einer Parabel gekleidet wurde, so löst diese Annahme in keiner Weise die Schwierigkeiten. Welcher Anlass soll dann all das Unheil in unsere Welt gebracht haben, unter dem die Menschheit so offensichtlich leidet? Woher kam dann Evas Konflikt, die ein Geschöpf aus Gottes Hand war, von dem gesagt werden konnte: „Und siehe, es war sehr gut“ (1. Mose 1,31). Falls eine Schlange damit nichts zu tun hat, wozu dann der über ihr ausgesprochene Fluch? Und was würde dann der Fluch über die Schlange überhaupt bedeuten sollen? Wenn da gar keine Schlange gewesen war, wozu die Worte von der Feindschaft zwischen beider Samen?

Die Tatsache, dass Satan von einem Tierkörper Besitz ergriffen hat, lässt den Schluss zu, dass Satan sich nicht materialisieren kann, wie immer oder in wem er will. In den Gotteserscheinungen des Alten Testamentes erscheint Gott, der Herr, in menschlicher Gestalt. Aber es gibt keinen Hinweis darauf, dass Satan dies auch tat. In Lukas 22,3 wird berichtet, dass „Satan in Judas fuhr“. Er benutzte also den Leib des Judas als Instrument für sein übles Vorhaben.

Paulus rückt das gesamte Ereignis ins helle Licht mit den Worten: „Die Schlange verführte Eva mit ihrer List“

(2.Korinther 11,3). Die erste Aussage, die die Bibel über den Charakter Satans macht, zeigt ihn in der Rolle des Verführers. Und das bleibt er bis zum letzten Blatt der Bibel. Die Methode, mit der er gegen Evas Glaube und Reinheit anging, sollten wir wach im Auge behalten für den Fall seiner durchtriebenen Annäherung uns gegenüber.

Die Umstände der Versuchung

Es ist sehr lehrreich, sich einige der mitwirkenden Umstände der Versuchung Evas einzuprägen, um die Taktik Satans zu erkennen.

1. Satan näherte sich ihr, als sie allein war, ihr Mann ihr nicht beistehen konnte. Versuchung und Alleinsein gehören von der Erfahrung her zusammen.

2. Satan achtete darauf, nicht in einer Weise zu erscheinen, die sie erschrecken oder bei ihr Gefühle der Abwehr wecken konnte. Das hätte sie leicht in die Arme Gottes treiben können. Nein, er wählte als Instrument ein attraktiv erscheinendes und zugleich harmlos wirkendes Tier.

3. Er schockte sie nicht mit Gotteslästerung, sondern knüpfte am natürlichen Begehren an, freilich mit gottwidriger Zielrichtung.

4. Er erweckte nicht den Eindruck eines Feindes Gottes. Gewiss, er erwähnte Gott nur in verunglimpfender Weise, aber er tat es nicht in marktschreierischem Ton.

Worin bestand die Versuchung, die zum Sündenfall führte? Johannes fasst die Grundinhalte zusammen:

„Körperliche Begierde, Begehrlichkeit der Augen und die Überheblichkeit“ (1.Johannes 2,16). Jedes dieser drei Elemente finden wir in der Versuchung wieder, in die „der Gott dieser Welt“ den ersten Menschen gebracht hat.

„Und Eva sah, dass von dem Baum gut essen wäre" – körperliche Begierde. „Und dass es eine Lust für die Augen wäre" – Begehrlichkeit der Augen. „Und dass er verlockend wäre, weil er klug machte" – Überheblichkeit.

Satan verführte Eva zu Ungehorsam und Auflehnung gegen Gott, indem er zu Appetit anregte, das ästhetische Empfinden ansprach und ein unheiliges Wollen weckte – „eure Augen werden aufgetan, und ihr werdet sein wie Gott und wissen, was gut und böse ist."

Die Methode der Versuchung

Glich schon der Inhalt der Versuchung einem schleichenden Gift, so war die Methode nicht weniger raffiniert. Zuerst weckte der Versucher Evas Neugierde durch anscheinend harmlose Fragen und vorsichtige Andeutungen. Dann brachte er spitzfindig Argwohn auf gegen Gottes Liebe und uneigennützige Güte und streute den Samen des Zweifels aus gegen die Integrität Gottes und seines Wortes. In der Tat, er verdrehte Gottes Wort, um es für seine eigene böse Absicht passend zu machen. Schließlich verneinte er Gottes Wort gerade heraus und lachte den Gedanken der Strafe hinweg, der für den Fall ausgesprochen worden war, dass das göttliche Gebot gebrochen werden würde.

Die einzelnen Schritte von Evas Sündenfall sind auch für uns sehr aufschlussreich. Sie recht erkennen, kann uns Hilfe sein in der Stunde unserer Anfechtung.

Wie ging es im Einzelnen abwärts?

1. Anstatt von vornherein jede Schmähung Gottes, von dem sie nur Gutes empfangen hatte, zurückzuweisen, hörte Eva Satans Verführungskünsten zu. Wenn wir in unseren Gedanken verführerischen, gottwidrigen Einflüssen Raum geben, haben wir schon die ersten Schritte auf dem Weg ins Verderben getan.

2. Eva begann, an Gottes Wohltaten zu zweifeln.

3. Das öffnete die Tür für den nächsten Schritt, nämlich die Wahrhaftigkeit des Wortes Gottes überhaupt in Frage zu stellen – wenn vielleicht auch unbewusst.

4. Eva übersteigerte das göttliche Verbot (vgl. 1.Mose 2,16.17 mit 3,3).

5. Eva verkleinerte die von Gott angekündigte Strafe (vgl. 1.Mose 2,17 mit 3,3).

6. Es gelüstete sie nach dem, was Gott eindeutig verboten hatte.

7. Eva setzte sich über das göttliche Gebot hinweg.

Doch das allein befriedigte sie noch nicht. Sie verleitete auch ihren Mann dazu, dasselbe zu tun.

Zwei weitere Tatsachen fallen auf. *Erstens:* Nachdem Adam und Eva als Geschöpfe aus Gottes Hand ohne Sünde hervorgegangen waren und nichts Böses in ihnen lag, muss das Böse von außerhalb an sie herangetreten sein.

Zweitens: Der Vorfall zeigt uns auch, wie der Teufel mit Gottes Wort umgeht. Er mag es richtig oder falsch zitieren, immer passt er es seinen Zwecken an. Doch so viel er es auch verdrehen, verunglimpfen oder verneinen mag, eines kann er nicht tun, dagegen ist er machtlos: Satan kann nichts daran ändern, dass es die absolute Wahrheit bleibt, denn „die Schrift kann nicht aufgelöst werden" (Johannes 10,35). Die Bibel warnt uns mit der Ersterwähnung des Widersachers vor dessen Hinterhältigkeit und der böswilligen Art seiner Versuchung, von der auch wir nicht verschont bleiben.

Der Schlangenkopf-Zertreter

Es ist erstaunlich und tröstlich zugleich, dass Gott in dem Vers, in dem der Fluch über die Schlange ausgesprochen wird, auch die erste Andeutung von der Heilsbotschaft gibt, von der Loslösung aus der Macht Satans:

„Ich will Feindschaft setzen zwischen dir und dem Weibe und zwischen deinem Nachkommen und ihrem Nachkommen; der soll dir den Kopf zertreten, und du wirst ihn in die Ferse stechen“ (1.Mose 3,15). Nur im Licht der Geschehnisse von Jahrhunderten sehen wir die weitreichende Bedeutung dieser damals noch verborgenen Prophetie.

Die Art der prophetischen Ausdrucksweise deutet an, dass der Nachkomme der Frau nicht nur die Schlangenbrut, sondern die Schlange selbst zertreten wird: „Der Gott des Friedens aber wird den Satan unter eure Füße treten in Kürze“ (Römer 16,20). Das Bild ist einer sehr alten Siegesgepflogenheit entnommen. Der siegreiche König setzte seinen Fuß auf den Nacken des besiegten Königs, um seine völlige Entmachtung zu demonstrieren (vgl. Josua 10,24).

Adams schwache Stelle

Die Versuchung im Paradiesgarten, die Verführung des Gläubigen zur Sünde und zur Auflehnung gegen Gott, zeigt nicht nur Satans heimtückische Hintergründigkeit im Blick auf die Wahl der bestmöglichen Gelegenheit, sondern auch in der Auswahl des dafür am besten geeigneten Menschen. Dies wird schon im Morgengrauen der Menschheitsgeschichte erkennbar.

Gott schuf Eva als Gehilfin für Adam, denn „für den Menschen ward keine Gehilfin gefunden, die um ihn wäre“ (1.Mose 2,20). Adam und Eva wurden eins. Sie erfreuten sich aber nicht nur ihres Beisammenseins, sondern auch der Gemeinschaft mit Gott. Doch dann brach die Tragödie herein. Der Mensch, den Gott Adam als Gehilfin gegeben hatte, wurde das Instrument für seinen Sündenfall. Die Tragödie, in die dadurch die gesamte Menschheit mit hineingerissen wurde, wird unter sparsamster Verwendung von Worten so beschrieben: „Und das Weib sah, dass von dem Baum gut zu essen wäre und dass er eine Lust für die Augen wäre und verlockend, weil er klug machte. Und sie nahm von der Frucht und aß und gab ihrem Mann, der bei ihr war, auch davon, und er aß“ (1.Mose 3,6).

Satan erreichte sein Ziel, Adams Gottergebenheit niederzubrechen, indem er dessen natürliche Zuneigung ins Spiel brachte. Eva wurde vom Versucher verführt, Adam aber sündigte mit offenen Augen. Er räumte der Liebe zu seiner Frau Vorrang ein gegenüber der Liebe zu Gott und brachte auf diese Weise die gesamte Menschheit ins Verderben.

Als Hiob geprüft wurde in einem Schmelztiegel von Leiden, hielt er angesichts einer Unglückslawine fest an seinem Glauben und zweifelte nicht an der Güte Gottes. Als Satan mit göttlicher Erlaubnis „Hiob schlug mit bösen Geschwüren von der Fußsohle an bis auf seinen Scheitel; ... sprach seine Frau zu ihm: Hältst du noch fest an deiner Frömmigkeit? Sage Gott ab und stirb!“ (Hiob 2,7–9).

Wieder wandte Satan den Trick an, mit dem es ihm gelungen war, Adam zur Auflehnung gegen Gott zu verführen. Wieder benutzte er den einen Menschen, der Hiob die stärkste Stütze hätte sein sollen, als Agent der Versuchung. Aber wo Adam zu Fall kam, bewährte sich Hiob.

Hier haben wir eines der edelsten Bekenntnisse unerschütterlichen Vertrauens zu Gott: „Du redest, wie die törichten Weiber reden. Haben wir Gutes empfangen von Gott und sollten das Böse nicht auch annehmen?“ (Hiob 2,10).

Wie der zweite Adam gewann

Die Arroganz und Frechheit Satans kennt keine Grenzen. Er forderte sogar den Sohn Gottes zu einer Kraftprobe heraus. Er hatte einen beachtlichen Sieg über den ersten Adam im Paradiesgarten erlangt. Den zweiten Adam testete er in der Wüste.

Weil niemand mit Jesus in der Wüste gewesen ist und uns kein Zeugnis über die Versuchung vorliegt, schließen wir daraus, dass die Evangelisten ihr Wissen von Jesus selbst haben. Die Art und Weise, in der von der Versuchung gesprochen wird, vermittelt den Eindruck, dass Jesus einem persönlichen Versucher begegnet ist, mit dem es zu einer heftigen Auseinandersetzung kam.

„Der Versucher trat zu ihm und sagte ..."

„Der Teufel führte ihn mit sich in die heilige Stadt..."

„Da sagte Jesus zu ihm: Es steht auch geschrieben..."

„Da verließ ihn der Teufel..."

Es ist ganz unmöglich, diese Sprache einzupassen in das Konzept einer unpersönlichen Macht oder eines unpersönlichen Einflusses oder auch nur irgendeiner Personifikation des Bösen. Hier standen sich wirkliche Personen gegenüber. Auch trifft es nicht die Sache zu meinen, hier wurde nur der innere Konflikt zwischen Jesu eigenen Wünschen und Vorstellungen ausgetragen. Wenn er sich nicht dem persönlich anwesenden Teufel gegenübersah, wie die Schrift sagt, dann gäbe es nur die eine Alternative, dass die Versuchungen aus seinem eigenen Innern kamen. Das wiederum würde voraussetzen, dass in Jesus selbst eine Neigung zum Bösen vorhanden war. Eine solche Möglichkeit schließt die Heilige Schrift jedoch völlig aus. „In ihm war keine Sünde" – seinem Wesen nach. „Er tat keine Sünde" – seinem Verhalten nach.

Es ist zu beachten, dass die Versuchung Jesu nicht vom Teufel in Szene gesetzt worden war, so gewiss dieser die Gelegenheit wahrnahm. Sie war weder ein Zufall noch ein Unfall, sondern eine offene, von Gott selbst veranlasste Herausforderung an den Usurpator, den unrechtmäßigen Machthaber. Die Bibel sagt: „Da wurde Jesus vom Geist in die Wüste geführt, um vom Teufel versucht zu werden" (Matthäus 4,1). „Dazu ist der Sohn Gottes erschienen, die Werke des Teufels zu zerstören" (1.Johannes 3,8). Die Versuchung in der Wüste war die erste Auseinandersetzung Jesu in einem langwierigen Konflikt mit dem Bösen.

Nach Inhalt und Methode ist die Versuchung in der Wüste die zweite Auflage der Versuchung in Eden.

Ist es nicht nur recht und billig, ja das Natürlichste von der Welt, nach einer langen Fastenzeit seinen Hunger zu stillen? Gab es eine bessere Möglichkeit, die Gottessohnschaft vor aller Augen zu bekunden, als die, ein großartiges Wunder zu vollbringen? Wenn Jesus ein leichterer Weg zum Thron gezeigt wurde als der schmachvolle Kreuzesweg, warum sollte er ihn nicht gehen?

Jede Spielart der Versuchung hatte, geschickt verborgen, einen Haken. Falls Jesus darauf eingegangen wäre, hätte er unabhängig vom Vater handeln müssen, nicht aber aus der Gemeinschaft mit dem Vater wirken können. Sicherlich wäre er berechtigt gewesen, seinen Hunger zu stillen, aber er hätte es mit unrechten Mitteln tun müssen. Er konnte durch ein Wunder geistliche Wirkungen hervorrufen. Sollte er das mit Ungeistlichen Mitteln tun? Ihm stand sein gesetzliches Erbe zu. Sollte er es mit ungesetzlichen Mitteln erreichen?

Bei der Versuchung Jesu wird deutlich, dass sie die gesamte Palette menschlicher Wünsche abdeckt.

Der Schreiber des Hebräerbriefes sagt, dass wir einen

Hohenpriester haben, „der wie wir in allem versucht worden ist, doch ohne Sünde" (Hebräer 4,15). Ist damit gemeint, dass Jesus jede nur denkbare Art von Versuchung erfahren hat, in die der Mensch während der Jahrhunderte gekommen ist? Offensichtlich nicht! Wie konnten z. B. Versuchungen auf ihn zugekommen sein, die speziell zum Weltraum-Zeitalter gehören? Heißt es nicht vielmehr, dass er von der Versuchung auf der Landstraße des Lebens mit aller Kraft angegangen wurde? Die mitwirkenden Umstände und Vorkommnisse mögen verschieden sein, aber im Wesentlichen bleibt die Versuchung für alle Menschen aller Jahrhunderte gleich.

Die drei Wege der Versuchung

Ein Ausleger hat darauf hingewiesen, dass die Versuchung drei Zugänge zum menschlichen Dasein hat. Was darüber hinaus noch auftritt, ist eine Spielart dieser drei. Von daher überrascht es nicht, dass wir diese drei Zugänge in beiden Versuchungen wiederfinden, in der Versuchung im Paradies ebenso wie in der Versuchung in der Wüste.

Der erste Weg heißt Appetit. Es ist der Wunsch, sich der Dinge zu erfreuen (Matthäus 4,2–4). Johannes spricht von der „körperlichen Begierde" (1.Johannes 2,16).

Als Jesus hungrig war, knüpfte Satan am Hunger an, dem Verlangen nach Nahrung. Er erschien in der Rolle eines Wohltäters. Warum sollte Jesus nicht seinen Hunger stillen, indem er seine Vollmacht gebrauchte und aus Steinen Brot werden ließ? Weckt der Nahrungstrieb nicht ein von Gott gegebenes, ganz wertneutrales Verlangen? Warum sollte er als Sohn Gottes nicht seine Vollmacht gebrauchen, um sich einen völlig legitimen Wunsch zu erfüllen?

Was in der Versuchung angesprochen wurde, war so

einsichtig und selbstverständlich, dass nur wenige darin den „Pferdefuß“ erkannt hätten. Aber hier ging es ja gar nicht um das Recht Jesu, seinen Hunger zu stillen, sondern um seinen Gehorsam gegenüber dem Willen Gottes. In jeder Spielart der Versuchung wollte der Teufel nur eins: Jesus dahin bringen, dass er nicht in der völligen Abhängigkeit von Gott handeln sollte, sondern im Eigen-Interesse, selbstherrlich.

Jesu Methode, die feurigen Pfeile seines Widersachers auszulöschen, war einfach, aber wirkungsvoll. Der gleiche Geist, der ihn in die Wüste und damit in den Konflikt geführt hatte, erinnerte ihn an geeignete Schriftworte, die den wahren Charakter der Versuchung offen legten. „Es steht geschrieben: Der Mensch lebt nicht vom Brot allein, sondern von jedem Wort, das aus Gottes Mund kommt.“ Dieses Wort brachte das uneingeschränkte Vertrauen Jesu zu seinem himmlischen Vater zum Ausdruck, der ihn auf seine Weise mit dem nötigen Brot versorgen würde.

Jesus mochte seine göttlichen Vorrechte nicht zur Erfüllung seiner eigenen, natürlichen Wünsche gebrauchen. Die Einwilligung in den teuflischen Vorschlag wäre einer Verneinung seiner Menschwerdung gleichgekommen; denn damit hätte Jesus für sich Kräfte in den Dienst genommen, über die seine Brüder nie verfügen konnten. Das hätte den Sinn seines Kommens zunichte gemacht. Sein Ruf in die Nachfolge hätte viel von seiner Anziehungskraft verloren für jene, die sich ihr tägliches Brot im Schweiße ihres Angesichts erwerben mussten.

Der zweite Weg für die Versuchung heißt Ehrgeiz (Matthäus 4,5.6). Die Szene wechselte. Satan führte Jesus von der Einöde der Wüste zur Zinne des Tempels. Die Zinne, besser gesagt die Brustwehr, war aller Wahrscheinlichkeit nach der südliche Flügel des Tempels mit dem Blick auf das Kidron-Tal, das mehr als 60 Meter tiefer lag. Josephus behauptet, dass jedem, der dort hinunterschaute, schwindelig würde, weil sein Blick die Tiefe nicht ausloten konnte. Es scheint, dass Satans Vorschlag nicht meinte, Jesus möge sich auf den Tempelplatz hinabstürzen, sondern in den Talgrund.

Hier hatte es der Versucher auf das Vertrauen Jesu zu Gott abgesehen. Der Teufel untermauerte seinen Plan mit einem Schriftzitat. Während er es tat, ließ er in seiner Verschlagenheit die Worte aus: „... auf allen deinen Wegen" (vgl. Lukas 4,10.11 mit Psalm 91,11.12). Er forderte Jesus heraus, sein Vertrauen zu Gott öffentlich zur Schau zu stellen, Gottes Verheißung einem Test zu unterziehen.

Des Meisters Antwort stellte klar, dass für ihn solches Tun nicht Gottvertrauen wäre, sondern Gottversuchen. Er weigerte sich, die ihm von Gott gesetzte Grenze zu überschreiten. Natürlich hat Gott die Freiheit, auch auf jedes unverantwortliche Ersuchen zu antworten. Aber Schauwunder gehörten nicht zu den Wegen Gottes und ebensowenig zu den Wegen Jesu. Die Juden schauten aus nach einem Messias, der große Wunder tun konnte und ein weltweites Imperium schaffen würde mit Jerusalem als Mittelpunkt. Der Versuchung des Teufels folgen hätte bedeutet, der fleischlichen Erwartung Israels entgegenzukommen.

Beachten wir, dass Christus den Ausdruck wiederholt: „Es steht geschrieben." Er verstand es, das „Schwert des Geistes, das Wort Gottes" zu gebrauchen. Er erkannte den Kern der Versuchung und benutzte ein der Situation angemessenes Schriftprinzip. Jedes Schriftwort, das er zitierte, offenbarte Gottes Schau der Dinge in der ganzen Verwicklung der Versuchung. Darum wollte Jesus nicht versucherisch eine Gefahr heraufbeschwören, es sei denn, es wäre seines Vaters eindeutiger Wille. Er verwahrte sich dagegen, Gottes Reich mit Schauwundern aufzurichten.

Wieder sah Satan seine Pläne durchkreuzt. Nun machte er ein letztes Angebot, um Jesus vom Weg des Vertrauens und des Gehorsams gegenüber Gott abzubringen.

Der dritte Weg, auf dem sich die Versuchung Zugang zum Menschen verschafft, heißt: Habsucht, der Wunsch, haben zu wollen, was das Auge sieht (Matthäus 4,8–11). Johannes nennt es „Begehrlichkeit der Augen".

Satans erster Vorstoß erfolgte auf der materiellen Ebene, der zweite auf der geistigen, der dritte reicht in den geistlichen Bereich. Er mutete Jesus zu, ihm den Platz einzuräumen, der allein Gott zukommt.

Diesmal nahm er Jesus auf einen hohen Berg mit. Offensichtlich hatte er dem Sohn des Menschen alle Reiche der Welt und ihre Herrlichkeit in einer Vision angeboten. Man hätte sie mit dem natürlichen Auge von keinem Berg Palästinas „in einem Moment" sehen können. Der Teufel bot ihm ein sichtbares Königreich mit seinem vergänglichen Prunk und Glanz an. Es ist bemerkenswert, dass Jesus Satan nicht wegen Großsprecherei zur Rede stellte. Lukas schreibt: „Alle diese Macht will ich dir geben und ihre Herrlichkeit; denn sie ist mir übergeben, und ich gebe sie, wem ich will" (Lukas 4,6). Jesus hatte ihn nicht falscher Aussage beschuldigt, was ja, falls solche vorlag, zu erwarten gewesen wäre. Hätte Satan nicht ein Recht gehabt, so zu sprechen, wäre die Versuchung auch kein echter Test gewesen.

Jesus war in der Tat in die Welt gekommen, um ein Königreich in Macht und Herrlichkeit zu gewinnen, aber den Weg dorthin hatte der Vater vorgezeichnet, und zu diesem Weg gehörte das Kreuz. Jesus erkannte, dass ihm der Teufel die Krone ohne das Kreuz anbot. Der springende Punkt dieser letzten Versuchung war, das Kreuzesleiden durch eine Übereinkunft mit dem Teufel zu umgehen.

Zum dritten Mal gebrauchte der Herr das Schwert des Geistes als einer, der es zu handhaben wusste: „Weg mit dir, Satan! Denn es steht geschrieben (5.Mose 6,13): Du sollst den Herrn, deinen Gott, anbeten und ihm allein dienen."

Nachdem es dem Teufel nicht gelungen war, die feste Burg der Ergebenheit und des Gehorsams gegenüber dem Willen seines Vaters zu erstürmen, verließ er Jesus, jedoch nur für eine Weile. Später wurden die Angriffe umso heftiger.

Es ist nicht ohne Bedeutung, dass jede Antwort, die Jesus dem Teufel gab, ein Zitat aus dem 5. Buch Mose war, aus jenem Buch also, gegen das die zersetzende Bibelkritik ihre stärksten Angriffe geführt hat. Welch eine Bestätigung dieses Wortes, an dessen Echtheit und Glaubwürdigkeit der Sohn Gottes keinen Zweifel ließ!

Wie hat sich die Versuchung ausgewirkt? Im Blick auf unsern Herrn selbst brachte sie einen ausgesprochenen Triumph. Die heimtückischen Anläufe des Bösen verstrickten ihn in keine Sünde. Auch die Gemeinschaft zwischen Vater und Sohn konnte nicht gestört werden. Er war „voll Geistes", als diese Probe begann. Und er kehrte „in der Kraft des Geistes" zurück, durch diese Erfahrung bereichert und nicht geschwächt.

Im Blick darauf verleiht Christi Sieg dem gläubigen Menschen die Gewissheit, dass es möglich ist, einen persönlichen Triumph über Satan und seine Machenschaften zu erringen.

Im Blick auf Satan selbst weist die Versuchung auf seine endgültige Niederlage hin. Jede Antwort Jesu glich einem niederschmetternden Schlag. Satans Heimtücke und Hinterlist trafen ins Leere, seine Niederlage in der Wüste war der erste Schritt auf dem Weg seiner endgültigen Entmachtung am Ende der Zeit.

Das Herrschaftsgebiet Satans

Satan – König der Hölle?

Ganz allgemein ist die Vorstellung verbreitet, Gott sei der König des Himmels und Satan der König der Hölle. Wie der Himmel der Regierungssitz Gottes ist, so führe Satan alle ruchlosen Operationen von der Hölle aus. Diese Vorstellung entspricht nicht der Heiligen Schrift. Satan hat nie angestrebt, König der Hölle zu sein, vielmehr wollte er König des Himmels werden. Das zeigen jene Worte der Bibel deutlich, die seinen Ehrgeiz aussprechen: „Ich will in den Himmel steigen... Ich will auffahren über die hohen Wolken und gleich sein dem Allerhöchsten" (Jesaja 14,13.14).

Wie schon an früherer Stelle gesagt, stammen die volkstümlichen Vorstellungen über den Teufel von mittelalterlichen Schriften, besonders von denen eines Dante und Milton. Besonders Milton hat den Gedanken verbreitet, dass Satan die Hölle regiere. Das aber ist die Umkehrung der Wahrheit. Milton hat Satan folgende Worte in den Mund gelegt: „In der Hölle können wir sicher regieren. Und welche Wahl hatte ich? Regieren, das ist mein Element, und sei es auch in der Hölle. Besser in der Hölle regieren als im Himmel dienen."

Es gibt keine Stelle im Buch der Offenbarung oder sonstwo in der Bibel, die eine solche Ansicht unterstützt. Nirgendwo steht, dass Satan in diesem gegenwärtigen Zeitalter in der Hölle sei. Er ist „der Gott dieser Weltzeit" und „der Fürst der Mächte in der Luft". Da ist sein Gebiet und der Ausgangspunkt für seine Operationen während dieser Weltzeit. Erst wenn sein Ende kommt, wird er in die Hölle geworfen werden.

„Und ich sah einen Engel vom Himmel herabkommen, der hatte den Schlüssel zum Abgrund und eine große Kette in der Hand. Und er griff den Drachen, die alte Schlange, das ist der Teufel und Satan, und fesselte ihn für tausend Jahre, und warf ihn in den Abgrund ... Wenn die tausend Jahre vollendet sind, wird der Satan aus seinem Gefängnis losgelassen werden ... und der Teufel, der sie verführte, wurde in den Pfuhl von Feuer und Schwefel geworfen, wo schon das Tier und der falsche Prophet waren; dort werden sie gequält werden Tag und Nacht, von Ewigkeit zu Ewigkeit" (Offenbarung 20,1–3.7.10).

Es gibt also keinen Schriftbeleg für die Ansicht, dass Satan der König der Hölle sei. Er regiert, doch nur als Usurpator. Und in die Hölle kommt er als Gefangener, aber nicht als König. In der Zwischenzeit hat er allerdings ein Reich, über das er wie ein Thronräuber herrscht.

Die zwei Reiche

Als Satan sich gegen Gott erhob und verschwor mit dem Ziel, Gott vom Thron des Universums zu stoßen, verlor er selbst seinen bevorrechtigten Platz und richtete ein rivalisierendes Reich auf. Das Dasein beider Reiche wird in der Schrift klar zum Ausdruck gebracht:

„Wenn aber auch der Satan mit sich selbst uneins ist, wie kann sein Reich bestehen?" (Lukas 11,18).

„Und sie werden vom Osten und vom Westen, vom Norden und vom Süden kommen und im Reich Gottes zu Tisch sitzen" (Lukas 13,29).

„Wenn jemand nicht aus Wasser und Geist geboren wird, kann er nicht in das Reich Gottes kommen" (Johannes 3,5).

Zum Reich Gottes gehört, wer Christus als seinen Erlöser und Herrn erkennt, annimmt und sich ihm unterstellt. Zum Reich Satans gehört, wer Christus als

Erlöser und Herrn ablehnt und seine Königsherrschaft nicht will. Es ist bemerkenswert, dass Satan „Fürst dieser Welt“ (Johannes 12,31) genannt wird, aber nicht „König dieser Welt“. Er regiert nur als eine Art Thronräuber. Seine Nachfolger aber anerkennen ihn, bewusst oder unbewusst, als „Gott dieser Welt“ (2.Kor. 4,4).

Diese beiden Reiche werden auch herausgestellt als „Reich der Finsternis“ und „Reich des Lichts“. „Er hat uns von der Macht der Finsternis errettet und uns in das Reich seines lieben Sohnes versetzt“ (Kolosser 1,13). Sünde wird charakterisiert mit dem Begriff Finsternis und Tod, Gerechtigkeit aber mit Licht und Leben.

Den Missionsauftrag des Paulus an den Heiden hat der auferstandene Herr so umrissen: „Stehe nun auf, denn dazu bin ich dir erschienen, um dich zu meinem Diener zu machen ... Ich sende dich, um ihnen die Augen zu öffnen, damit sie sich von der Finsternis zum Licht und von der Gewalt des Satans zu Gott bekehren“ (Apostelgeschichte 26,15–18). Hier steht der Begriff Finsternis für das Herrschaftsgebiet Satans, in dem Menschen gefangengehalten werden.

Die satanische Hierarchie

Das Reich Gottes ist so geordnet, dass Gottes Wille durch Engel ausgeführt wird. Ihnen hat Gott Autorität verliehen, unter ihm zu herrschen und zu dienen. Die Rangstufe eines Engels steht im inneren Zusammenhang mit seinem Wirkungsbereich und der ihm übertragenen Verantwortung. Darauf bezieht sich der Apostel Paulus, wenn er in Kolosser 1,16 von „Thronen oder Herrschaften oder Mächten oder Gewalten“ spricht.

Satan hat sein Reich der Finsternis in Anlehnung an den Aufbau des Reiches Gottes organisiert. Er wirkt durch Dämonen unterschiedlicher Rangstufen, die er in seinen Abfall von Gott mit hineingerissen hat. Es scheint, dass einige der bösen Geister nicht nur bestimmte Aufgaben, sondern auch regional begrenzte Herrschaftsgebiete haben. Daniel spricht vom „Fürsten des Königreichs Persien" und vom „Fürsten von Griechenland" (Daniel 10,13.20).

Paulus weist mit folgenden Bezeichnungen auf jene bösen Geister hin: „Mächtige und Gewaltige, Beherrscher dieser finsteren Welt; böse Geister zwischen Himmel und Erde" (Epheser 6,12). In den Tagen des Apostels Paulus waren diese Bezeichnungen auch in den üblichen Engellehren gebräuchlich. Von daher ist nicht völlig auszuschließen, dass der Apostel Paulus geläufige Fachausdrücke gebraucht hat, um die Überlegenheit Christi über alle möglichen Geisteswesen zu betonen, ob im überirdischen oder im irdischen Bereich. Es mag sein, dass wir den Bedeutungsumfang der Einzelbezeichnungen nicht genau beschreiben können. Aber auf einige Möglichkeiten, die uns angemessen erscheinen, sei hier hingewiesen.

„Mächtige und Gewaltige" mögen in Satans Reich Fürsten sein, die über bestimmte Gebiete Macht haben und im politischen Bereich wirken.

Der Ausdruck „Beherrscher dieser finsteren Welt" mag böse Geister meinen, die Astrologie, Zauberei, Aberglauben, Spiritismus, Götzendienst und dergleichen fördern mit dem Ziel, die Menschen in geistlicher Finsternis zu halten.

„Böse Geister zwischen Himmel und Erde" mögen solche sein, die sich wie ein Engel des Lichts geben und in religiösen Erfahrungsbereich einbrechen, um Menschen fortzulocken von der Wahrheit und der Heiligung, dafür aber hin zu Gottlosigkeit und Unmoral.

Die Heilige Schrift zeigt uns durchgängig das Bild

dieser beiden, einander entgegengesetzten und miteinander ringenden Mächte, zwischen denen es keinen Waffenstillstand gibt. Weil Satan nicht will, dass der Mensch aus der Gemeinschaft mit Gott lebt, gottergeben und dienstwillig, entdeckt sich der Christ mitten auf dem Kampfplatz der Auseinandersetzung. Gott und alle guten Engel sind darauf bedacht, das Beste für den Menschen zu wirken. Satan und die Dämonen sind zusammen mit den bösen Menschen darum bemüht, des Menschen Verderben herbeizuführen. Der Kampf zwischen diesen beiden Mächten ist ein Kampf auf Leben und Tod.

Satan weiß, dass seine endgültige Niederlage unumgänglich ist. Weil er den Tag der Urteilsvollstreckung herannahen sieht (Offenbarung 12,12), versucht er in großem Zorn alles zu tun, was in seiner Macht steht, solange er noch Zeit hat.

Die Welt als satanisches System

An dieser Stelle ist es angebracht, einmal das Weltsystem zu überdenken, auf das sich Satans Reich stützt. Was das Netz für die Spinne, der Köder für den Angler und der Lockvogel für den Vogelsteller ist, das ist das Weltsystem für Satan – ein Mittel, um Menschen einzufangen.

Wie sieht die Welt aus, die Satan zusagt? Mehr als ein Wort aus dem Griechischen wird mit „Welt" übersetzt. Um bei dem Begriff „Welt" nicht immer wieder an den Kosmos, an die Schöpfung Gottes, denken zu müssen, mag es hilfreich sein, vom „Welt-System" zu sprechen, denn dieser Ausdruck trifft den eigentlichen Begriffsinhalt. Wenn Paulus und Johannes von der „Welt" sprechen, dann meinen sie die menschliche Gesellschaft in einem Welt-System, das so angelegt ist, dass Gott von ihm ausgeschlossen bleibt, in dem er überflüssig scheint. Ihre Aussagen beziehen sich auf ein weltweites böses

System, über das Satan eine despotische Macht ausübt. Seine Meisterprinzipien sind nicht Liebe und Selbstaufopferung, sondern Egoismus, Habgier, Lüsternheit und Machthunger (Matthäus 4,8f; Joh. 12,31; 18,36; Eph. 2,2; 1.Joh. 2,15–17).

„Wir wissen", schreibt Johannes, „dass die ganze Welt in der Gewalt des Bösen ist" (1.Johannes 5,19). Satan plant die Kampfziele und ihre Durchführung. Das Welt-System umfasst alle nicht wiedergeborenen Menschen, ob sie „nett" sind oder nicht, denn sie vereint ein gemeinsamer Wunsch, nämlich der, von Gott unabhängig zu sein. Dieses Welt-System wird als „die böse Welt" bezeichnet. Eine solche menschliche Gesellschaft hasst Christus, der gesagt hat, dass „ihre Werke böse sind" (Johannes 7,7).

Die Kontrolle über diese Welt gewann Satan, indem er den ersten Menschen – dem Gott die Herrschaft über diese Erde und Schöpfung übertragen hatte – auf seine Seite zog.

Die Dämonen und ihre Welt

Der Mensch ist durchaus offen für alle Einflüsse aus dem geistigen Bereich, seien sie nun gut oder böse. Wie ihn sein körperlicher Organismus empfänglich macht für die Eindrücke aus dem natürlichen Bereich und sein kreatürliches Leben und seine Begabung befähigt, in Verbindung zu treten mit allen Formen bewussten Lebens, so reagiert sein geistiges Sein auf die unsichtbare Annäherung anderer Geister, die – wie er – Person sind, ohne aber auf Sinnesorgane angewiesen zu sein, wenn es darum geht, mit ihnen in Kontakt zu kommen. Ein Vergleich der neutestamentlichen Aussagen über die Dämonen mit den babylonischen Vorstellungen und den jüdisch-rabbinischen Quellen überzeugt uns von der unvergleichlichen Überlegenheit der göttlichen Offenbarung.

Achtzigmal ist im Neuen Testament von Dämonen die Rede. In elf Fällen wird Besessenheit im Unterschied zu Krankheit genannt. Als Beispiel Matthäus 4,24:

„Sie brachten zu ihm alle Kranken, von vielerlei Leiden und Plagen gequält, Besessene, Mondsüchtige und Gelähmte; und er machte sie gesund." In zwei Fällen wird berichtet, dass sich die Besessenheit auf den Geist des Menschen ausgewirkt hat (Matthäus 8,28; Apostelgeschichte 19,13). Von der Mondsucht als einer Auswirkung der Besessenheit wird uns nur in einem Fall gesagt (Matthäus 17,15).

Die Bibel unterscheidet zwischen dämonisch verursachten Krankheiten und anderen Ursachen einer Erkrankung. In Matthäus 12,22 heißt es: „Da wurde ein Besessener zu ihm gebracht, der war blind und stumm; und Jesus heilte ihn, so dass er reden und sehen konnte." Anders in Matthäus 15,30: „Und es kam eine große

Menge zu ihm; die hatten Gelähmte, Verkrüppelte, Blinde, Stumme und viele andere Kranke bei sich ..., und er heilte sie."

Wer in heidnischen Ländern gelebt hat und die unvorstellbaren Gräueltaten kennt, die aus Furcht vor bösen Geistern erwachsen, hat keinerlei Zweifel an der Genauigkeit und der Bedeutung dieser biblischen Aussagen. Doch was ist nun mit der Existenz von Dämonen?

1. Sie sind Geisteswesen ohne Leiblichkeit. Jesus sagt: „Fasst mich an und seht; denn ein Geist hat kein Fleisch und keine Knochen, wie ihr seht, dass ich sie habe" (Lukas 24,39). Geister sind unabhängig von der Materie.

2. Sie sind Personen. Person darf nicht gleichgesetzt werden mit Leib. Die Persönlichkeit existiert auch ohne Leiblichkeit. Gott ist Geist, aber er ist nicht dinglich greifbar. Die gleichen Argumente, die als Beleg für das Personsein Gottes angeführt werden, können auch für das Personsein der Dämonen gelten. Sie haben die Fähigkeit zu denken, zu sprechen und zu handeln (Apostelgeschichte 19,15f). Und sie haben auch die Macht, eine menschliche Person unter ihren Einfluss und ihre Kontrolle zu bringen. Die Tatsache, dass sie „ihren himmlischen Rang nicht bewahrten, sondern ihre Wohnstatt verließen" (Judas 6) „und sündigten" (2.Petrus 2,4), zeigt, dass sie die Fähigkeit hatten, sich zu entscheiden. Sie waren auch nicht ohne Gefühl. Sie empfanden Furcht (Lukas 8,31) und konnten in Zorn geraten (Matthäus 8,28f).

3. Sie sind intelligente, vernunftbegabte Wesen. Der unsaubere Geist, der jenen Mann in der Synagoge beherrschte, rief aus: „Ich weiß, wer du bist: Der Heilige Gottes" (Markus 1,24).

Das war keine ungelenke Sprache, sondern eine intelligente Ausdrucksweise. Jener böse Geist sagte zu den Söhnen des Skeva (Apostelgeschichte 19,15): „Jesus kenne ich wohl, und von Paulus weiß ich auch; aber wer seid ihr?" Er konnte die richtigen Leute von den falschen unterscheiden. Es wird vermutet, dass das griechische Wort für „Dämon" abgeleitet worden ist von einem Wort, das so viel wie „intelligent" bedeutet. Aber ihre Begabung ist verdorben und bösen Absichten dienstbar.

4. Sie sind unsichtbare Wesen. Da ohne Leiblichkeit, sind sie unsichtbar und nicht greifbar. Die Heilige Schrift sagt nichts darüber, ob sie eine Gestalt annehmen können, die betastbar ist.

5. Sie sind „gläubige Wesen". Unter ihnen gibt es keine Atheisten. „Du glaubst, dass es nur einen Gott gibt? Du tust gut daran; die Teufel glauben's auch und zittern dabei" (Jakobus 2,19). Sie haben Glauben, aber keinen rettenden Glauben, denn er bewegt sie nicht zur Buße. Sie erkennen und bekennen die Gottheit Christi, verweigern ihm aber die Gefolgschaft. Sie wissen auch zu unterscheiden zwischen echten Jesusjüngern und anderen und gehorchen sogar der Weisung im Namen Jesu (Apostelgeschichte 19,15; 16,18).

6. Sie sind keine leiblichen Wesen, haben aber die seltsame Leidenschaft, von leiblichen Wesen Besitz ergreifen zu wollen, seien es Menschen oder Tiere. „Und die unreinen Geister baten ihn: Lass uns in die Schweine fahren! ... Da fuhren die unreinen Geister in die Schweine" (Markus 5,12f). „Dann geht er hin und nimmt sieben andere Geister mit sich, die schlimmer sind als er selbst; und wenn sie hineinkommen, wohnen sie darin; und es wird mit diesem Menschen hinterher schlimmer, als es vorher war" (Matthäus 12,45). Es scheint so, als brauchen die Dämonen die Leiblichkeit als Instrument, die leiblichen Organe als Werkzeuge, um ihre höllischen Absichten ausführen zu können. Auch entsteht der Eindruck, dass

sie dann, wenn sie erst einmal von der Leiblichkeit eines Menschen Besitz ergriffen haben, gehen und kommen können, wann sie wollen, doch bleibt das Verlangen nach Rückkehr in die Leiblichkeit. „Wenn der unreine Geist von einem Menschen ausgefahren ist, so durchstreift er öde Stätten, sucht Ruhe und findet sie nicht; dann sagt er: Ich will wieder in mein Haus zurückkehren, aus dem ich fortgegangen bin" (Lukas 11,24).

7. Sie sind kraftvolle Wesen. Sie verfügen über übermenschliche Stärke und können diese auch auf ihre Opfer übertragen. „Es begegnete ihm ein Mann ..., der hatte böse Geister ... er wurde mit Ketten und Fesseln gebunden und gefangen gehalten, doch er zerriss seine Fesseln" (Lukas 8,27–29).

8. Ihre Zahl ist groß. Sie sind straff organisiert, so dass sie ihren Fürsten in jedem Teil der Erde vertreten können (Matthäus 12,26f; Markus 5,9; Lukas 8,30).

9. Ähnlich der Zeit Adams und Evas vor dem Sündenfall, war auch die erste Zeit der Dämonen eine Bewährungszeit. Ausgestattet mit freiem Willen, hatten sie die Möglichkeit, sich zu Gott zu halten. Als Satan, ihr Führer, abfiel, haben sie sich seiner Rebellion angeschlossen. Jene, die sich auf Satans Seite stellten, fielen auch mit ihm der Verdammnis anheim und haben keine nochmalige Möglichkeit der Bewährung. „Denn Gott hat selbst die Engel, die gesündigt hatten, nicht verschont" (2. Petrus 2,4). Es scheint wahrscheinlich, dass die Dämonen, die Satan heute dienen, seine Untertanen gewesen sind, als er noch ein Engelfürst war.

10. Sie sind sich schmerzlich des herannahenden Gerichts bewusst. „Was willst du von uns, du Sohn Gottes? Bist du hergekommen, uns zu quälen, bevor die Zeit gekommen ist?" (Matthäus 8,29).

11. Sie sind alle schlecht, aber nicht alle gleich schlecht.

Der unreine Geist, der aus dem Menschen ausgefahren war, kam mit sieben anderen Geistern zurück, die schlimmer waren als er selbst (Matth. 12,45).

12. Ihr Schicksal ist das ewige Feuer, das bereitet ist dem Teufel und seinen Engeln (Matthäus 25,41).

13. Sie haben auch die Fähigkeit, körperliche Gebrechen herbeizuführen. „Meister, ich habe meinen Sohn zu dir hergebracht, der ist von einem Geist besessen, der ihn stumm macht. Und wo er ihn auch erwischt, reißt er ihn zu Boden; und er hat Schaum vor dem Mund, knirscht mit den Zähnen und wird starr und steif" (Markus 9,17–18).

Dämonische Besessenheit

Es ist die eindeutige Lehre der Heiligen Schrift, dass böse Geister Zugang zum Menschen haben und ihn zum Guten oder zum Bösen beeinflussen können. Von vielen Zeugnissen über dämonisch besessene Menschen wählen wir diese aus:

„Und er trieb einen bösen Geist aus, der war stumm. Als aber der Geist ausfuhr, konnte der Stumme sprechen. Und die Menge wunderte sich" (Lukas 11,14).

„Und die Kunde von ihm durchlief ganz Syrien. Da brachten sie zu ihm alle Kranken, von vielerlei Leiden und Plagen gequält, Besessene, Mondsüchtige und Gelähmte; und er machte sie gesund" (Matthäus 4,24).

„Es begegnete ihm ein Mann aus der Stadt, der hatte böse Geister; er trug seit langer Zeit keine Kleider mehr und blieb in keinem Hause, sondern in den Grabhöhlen ... Er wurde mit Ketten und Fesseln gebunden und gefangen gehalten, doch er zerriss seine Fesseln und wurde von dem bösen Geist in die Einöde getrieben" (Lukas 8,27.29).

Viele sind heute der Ansicht, dass die Leute damals

mit dämonischer Besessenheit nur das bezeichneten, was wir Geisteskrankheit oder Epilepsie nennen. Wer jedoch den Sprachgebrauch der Heiligen Schrift sorgfältig überprüft, erkennt, dass Besessenheit und Krankheit klar voneinander unterschieden werden. In Matthäus 4,24 finden wir eine Vielzahl von Fachausdrücken, aber nicht einer ist dem anderen gleich. Die Besessenen werden ausdrücklich von den Epileptikern (Fallsüchtigen, Mondsüchtigen) unterschieden.

Es ist wohl wahr, dass die Zeitgenossen Jesu schnell bei der Hand waren, von einem Menschen zu sagen, der mit besonders schwerer Krankheit geplagt war, er habe einen Dämon. Aus der ungewöhnlich asketischen Lebensweise Johannes des Täufers und der nicht alltäglichen Lehre Jesu zogen sie den gleichen Schluss:

„Johannes ist gekommen, aß nicht und trank nicht; so sagen sie: Er ist vom Teufel besessen“ (Matthäus 11,18). „Jesus sagte: Wer an meinem Wort festhält, wird den Tod nicht sehen in Ewigkeit. Da sagten die Juden zu ihm: Nun sind wir gewiss, dass du einen bösen Geist hast“ (Johannes 8,51.52). Aber diese volkstümliche und oft ungerechtfertigte Auffassung sollte uns nicht blind machen für die Wirklichkeit dämonischer Besessenheit.

Nach den Evangelien ist es offensichtlich, dass die Menschwerdung Gottes in Christus in einer bis dahin nie dagewesenen Weise den Zorn und das Aktiv-Werden der Dämonen entfesselt hat. Satan sah in Jesus seinen Erz-Rivalen hier auf Erden. Das konnte nicht ohne Herausforderung bleiben. Es war zu erwarten, dass das reine und vollmächtige Leben Jesu mehr als bloß interessierte Aufmerksamkeit des Unheiligen wecken würde. In der Begegnung mit dem Licht der Wahrheit bäumten sich die Mächte der Finsternis auf.

Jesus unterschied zwischen normaler Krankheit und dämonisch verursachten Leiden. Normale Erkrankungen heilte er durch Handauflegen, durch Salben der Augen oder Anweisung zu bestimmten Waschungen. Dämonisch verursachte Leiden aber heilte er durch Austreibung der dafür verantwortlichen Geister. Achten wir auf die Unterscheidung in dem Vers: „Geht hin und sagt diesem Fuchs (König Herodes): Siehe, ich treibe böse Geister aus und mache Kranke gesund heute und morgen" (Lukas 13,32). Und wiederum: „Macht Kranke gesund, weckt Tote auf, macht Aussätzige rein, treibt böse Geister aus" (Matthäus 10,8). „Und sie trieben viele böse Geister aus und salbten viele Kranke mit Öl und machten sie gesund" (Markus 6,13).

Wenn Jesus den Dämon austrieb, der über einen Menschen Blindheit oder andere Gebrechen gebracht hatte, dann unterstellten die Pharisäer, Jesus habe die Vollmacht dazu vom Teufel. „Aber als die Pharisäer das hörten, sagten sie: Er treibt die bösen Geister nicht anders aus als durch Beelzebub, ihren Herrscher" (Matthäus 12,24).

Die meisten Psychologen gehen über die Tatsache der dämonischen Besessenheit hinweg. Sie behaupten, die Äquivalenz (gleichwertige Entsprechung) zur dämonischen Besessenheit sei heute „ein besonders umfassender Komplex (gefühlsbetonte Vorstellungsverknüpfung) zwingender Phänomene (seltene Ereignisse)". Sicher gibt es Grenzfälle. Warum sollte es zum Beispiel nicht möglich sein, dass ein Dämon den von einem Menschen verdrängten Bereich zu seinem Zentrum macht, um von daher das Verhalten und Handeln dieser Person zu beeinflussen. So mag er durch hysterisches Verhalten Verblendung und Verstocktheit bewirken, bis hin zu körperlichen Krampfzuständen. Aber was uns in Matthäus

17,14ff über die Anfälle jenes Jungen berichtet wird, war mehr als nur Epilepsie.

Ein aufschlussreicher Vorfall wird in Apostelgeschichte 19,13–16 geschildert. Einige jüdische Exorzisten (Teufelsaustreiber), Söhne des jüdischen Hohenpriesters Skeva, hatten sich auf die Wunderheilungen und Teufelsaustreibungen des Apostels Paulus berufen und versuchten, es ihm nachzutun. Sie hatten bemerkt, dass Paulus „im Namen Jesu“ wirkte, und dachten, dies sei so etwas wie eine aus sich selbst heraus wirkende Zauberformel, die sie auch anwenden könnten. Da mussten sie die schmerzliche Erfahrung machen, dass diese „Zauberformel“ nicht wirkte. Nicht sie siegten über den bösen Geist, sondern er über sie.

Es geht keinerlei Kraft vom Namen Jesu aus, wenn dieser Name über ungeheiligte Lippen kommt. Der Dämon erkannte den Anspruch auf göttliche Autorität, der nur eine menschliche Behauptung war, durchaus nicht an. Nur wer von Christus bevollmächtigt ist, mag seinen Namen benutzen. „Seht, ich habe euch (den Jüngern) Macht gegeben ... über alle Gewalt des Feindes“ (Lukas 10,19). Wer Christi Namen verwendet, muss ihn als Botschafter an Christi Statt gebrauchen können. Der Dämon erkannte die Falschmünzer und sprach durch sein Opfer die entlarvenden Worte: „Jesus kenne ich wohl, und von Paulus weiß ich; aber wer seid ihr? Und der Mann, in dem der böse Geist war, stürzte sich auf sie, überwältigte sie alle und richtete sie so zu, dass sie nackt und verwundet aus dem Haus flohen“ (Apostelgeschichte 19,15f). Es ist gefährlich für einen Menschen, der nicht „in Christus“ ist, sich damit einzulassen. Sogar der Name des Apostels Paulus war bei den Dämonen gefürchtet.

Wenn wir das Wirken des Heiligen Geistes in den „Kindern des Reiches“ vergleichen mit dem Wirken

Satans in denen, die das Neue Testament „die Kinder der Bosheit“ (Matthäus 13,38) nennt, dann zeigen sich sowohl ähnliche Momente als auch unvereinbare Gegensätze. Wer sich Satan anschließt, wird von ihm beherrscht. „... früher habt ihr nach der Art dieser Welt gelebt unter dem Machthaber, der in der Luft herrscht, dem Geist, der jetzt noch in denen am Werk ist, die Gott nicht gehorchen“ (Epheser 2,2). Stellen wir diese Aussage der von Philipper 2,13 gegenüber: „Denn Gott ist's, der in euch das Wollen wie das Vollbringen wirkt zu seinem Wohlgefallen.“ Wie Gott seine Botschafter durch den Heiligen Geist stärkt und bevollmächtigt, so überträgt der Satan seine durchtriebene Verdorbenheit und Kraft auf seine Helfershelfer.

Was mag die Dämonen zu ihrem Tun bewegen? Was mag sie zu ihrem höllischen und verderblichen Handeln anregen? Wenn wir's positiv fassen wollen, so ist es die Loyalität (das Ergebensein) gegenüber ihrem Fürsten, dessen Reich sie ausdehnen und dessen Macht sie festigen möchten. Wenn alle Nachfolger Jesu so unermüdlich und eifrig für ihren König wirken würden wie die Dämonen für Satan, dann würde es in der Welt nicht zwei Milliarden Menschen geben, die bis heute vom Evangelium noch nicht erfasst worden sind. Um ihr Ziel zu erreichen, führen die Dämonen unaufhörlich Krieg für die Sache ihres Meisters. Sie möchten die Gemeinde Jesu zerstören und deren Werk unmöglich machen. Deshalb wird die zusammengeballte Macht der Finsternis die Kontrolle über diese Welt, die schlafend in den Armen des Bösen liegt, nicht ohne Kampf abgeben.

Die Strategie Satans

Ein guter General muss die Absichten seines Feindes erkennen. Feldmarschall Lord Montgomery schreibt in seinen Memoiren: Als er im Zweiten Weltkrieg dazu ausersehen wurde, den Nordafrika-Feldzug der Alliierten gegen die deutschen Truppen zu führen, hat er sich nicht mit dem Aufmarschgebiet beschäftigt, sondern mit der Kampfesweise und den Kampfzielen seines Gegners, General Rommel. Wenn er voraussehen konnte, wie Rommel wahrscheinlich strategisch und taktisch vorgehen würde, bestand die Möglichkeit, Gegenmaßnahmen zu ergreifen, um seine Pläne zu verhindern und zu siegen. – Sollten wir in dem geistlichen Kampf, den wir zu führen haben, weniger umsichtig und besonnen sein?

Einmal sprach ich in Hongkong über dieses Thema. Während ich mit dem jungen chinesischen Übersetzer das Thema durchsprach, nannte er mir eins der Sprichwörter, an denen die chinesische Literatur ja so reich ist. „Falls du dich selbst und deinen Gegner gut kennst, wirst du in hundert Kämpfen hundertmal gewinnen." Viele Christen sind geistliche Analphabeten hinsichtlich der Kenntnis des großen Widersachers, und folglich verlieren sie den Kampf.

Wie er die Ungläubigen behandelt

Die Kampfesweise, die der Teufel gegenüber Ungläubigen anwendet, ist diese: Er verblendet ihren Sinn. „Den Ungläubigen hat der Gott dieser Welt den Sinn verblendet, damit sie das helle Licht des Evangeliums nicht sehen, des Evangeliums von der Herrlichkeit Christi, der das Ebenbild Gottes ist" (2.Korinther 4,4). Der Teufel fürchtet das Licht Gottes, das den Ungläubigen ihren wahren Zustand vor Gott offenbart, wenn es erst einmal in ihre Herzen hineinleuchtet. Er weiß, dass dies die Menschen zu Gott zurückführen würde. Solange die befreiende Wahrheit nicht ihre Sinne erleuchtet, kann er die Menschen gefangen halten. Es gehört zu seinem Plan, ihnen den Ernst ihrer Lage nicht bewusst werden zu lassen. „Wir wissen, dass wir von Gott sind, und die ganze Welt ist in der Gewalt des Bösen" (1.Johannes 5,19). Um sie einzuschläfern und in geistlicher Umnachtung zu halten, füttert er sie mit falschen Vorstellungen über Gott; füllt ihr Denken mit Vorurteilen; umgarnt sie mit irreführender Philosophie oder beschäftigt sie mit lauter irdischen Dingen. Wenn Paulus sagt: „... wir wissen genau, was er im Sinn hat" (2.Korinther 2,11), so meint er: Wir kennen seine Absichten, seine Pläne, seine Taktik, seine Tricks.

Welche Tricks wendet Satan an, um die Menschen einzufangen und unter seine Kontrolle zu bringen? Rasch nimmt er den guten Samen des Wortes Gottes weg. „Wenn jemand das Wort vom Reich hört und nicht versteht, so kommt der Böse und reißt hinweg, was in sein Herz gesät ist" (Matthäus 13,19). Das Bild der Gleichnisrede ist dies: Vögel fliegen heran und picken den Samen auf, der von der Hand des Sämannes auf den hartgetretenen Weg fällt. So tut es der Teufel. Er nimmt das Wort weg, bevor der Mensch gründlich nachdenken und es gläubig aufnehmen kann. In dieser Weise wird der Teufel aktiv, wenn Gottes Wort verkündigt wird. Darum sollten wir nach einer Predigt nicht weniger beten als vorher, um der Taktik des Teufels entgegenzuarbeiten, der nur allzu oft erfolgreich ist. Wie leicht kann der Eindruck, den eine Predigt hinterlassen hat, durch das Geschwätz nach dem Gottesdienst verwischt werden. So wird der gute Same weggenommen.

Satan lullt die Menschen ein, indem er ihnen ein Gefühl von Friede und Sicherheit gibt, das aber unzutreffend ist. „Wenn ein Starker gewappnet seinen Hof bewacht, so bleibt sein Besitz in Frieden“ (Lukas 11,21). Der Textzusammenhang macht deutlich, dass auch Satan als stark bezeichnet wird, der die Sinne derer verblendet, die ihm verfallen sind. Er redet ihnen ein, dass sie Gott nicht zu fürchten haben und dass kein Gericht zu erwarten sei. Er gibt der Überzeugung, die der Heilige Geist in ihren Herzen geweckt hat, eine andere Richtung und sagte: „Friede, Friede“, auch wenn kein Friede besteht.

Satan legt Schlingen für alle, die nicht wachsam sind. „Vielleicht lässt Gott sie ja noch umkehren und die Wahrheit erkennen, so dass sie zur Besinnung kommen und sich aus der Schlinge des Teufels befreien, der sie gefangen hält, damit sie seinen Willen tun“ (2. Timotheus 2,25.26). Der Teufel ist ein Meister der Raffinesse. Er hat Erfahrung darin, seine Schlingen so auszulegen, dass sie verborgen bleiben. Er ist ein fähiger Jäger und bringt die Schlingen nicht ins Blickfeld seiner Opfer.

Satan übervorteilt die Menschen, indem er seine wahren, üblen Absichten verbirgt und sich selbst wie ein Engel des Lichts gibt. „Denn diese Leute sind falsche Apostel, unehrliche Arbeiter, und verkleiden sich als Apostel Christi. Und das ist auch kein Wunder; denn der Satan selbst verkleidet sich als Engel des Lichts“ (2.Korinther 11,13.14). Bei gewissen Leuten kommt der Versucher viel besser an, wenn er sich als Wohltäter gibt und nicht als schrecklicher Unmensch.

Satan verführt alle, die sich nicht dem Wort der Wahrheit öffnen. „Und die alte Schlange wurde hinuntergeworfen. Er heißt auch Teufel und Satan, der alle Welt verführt“ (Offenbarung 12,9). Er hatte Erfolg, als er Eva versuchte. „Die Frau wurde verführt und ist der Versuchung erlegen“ (1.Timotheus 2,14), weil sie dem Zweifel Raum gab, den Satan in ihr Herz gelegt hatte, anstatt der Wahrheit des göttlichen Wortes zu vertrauen und die Zumutung zum Ungehorsam zurückzuweisen. Der Teufel ist noch immer ungebrochen aktiv, Menschen zu verführen, wenn es um die Reinheit und Autorität des Wortes Gottes geht. Das ist auch der springende Punkt bei den großen theologischen Auseinandersetzungen unserer Tage.

Satan vermischt Wahrheit mit Irrtum. „Als aber die Leute schliefen, kam sein Feind und säte Unkraut zwischen den Weizen und ging davon ... Der Hausvater sagte zu den Knechten: Das hat einer getan, der uns feind ist“ (Matthäus 13,25.28). Es gehört zur Taktik Satans, seiner Lehre so viel Wahrheit beizumischen, dass der Irrtum glaubhaft und schmackhaft wird. Darin besteht die große Anziehungskraft und die verborgene Gefahr vieler moderner Geistesströmungen. Vieles erscheint gut und recht, so dass der Irrtum nicht erkannt wird. Um sein Ziel zu erreichen, zitiert Satan auch aus der Heiligen Schrift, ob richtig oder falsch – Hauptsache, es dient seinem Zweck. Dabei ist er erfinderisch in der Verwendung biblischer Ausdrucksweisen. Altbekannte Worte setzt er in einen neuen, sinnverstellenden Zusammenhang.

Vom Teufel inspirierte Kulte

In seinen unnachahmlichen „Briefen“ sagt C. S. Lewis:

„Es gibt zwei Irrtümer hinsichtlich des Teufels, denen unsere Generation verfallen kann. Der eine Irrtum ist, seine Existenz zu leugnen, und der andere, ein zu großes Interesse an ihm zu haben.“

Viele moderne Kulte hat der listige Widersacher in den erstgenannten Irrtum hineingeführt. Ganz entgegen der

Bibel wird die Existenz des Teufels rundweg verneint. Nachfolgend die Behauptungen einiger Kulte, die unsere Wachsamkeit herausfordern.

Theosophie: „Einen Teufel als Person gibt es nicht. Was in mystischer Ausdrucksweise Teufel genannt wird, ist nichts anderes als die Verneinung und die Opposition gegenüber Gott."

Spiritismus: „Es gibt weder Teufel noch böse Geister. Alle intelligenten Geistwesen wissen, dass es keinen Teufel gibt, der zu fürchten wäre. Alle Geister der jenseitigen Welt sind nichts anderes als die Seelen derer, die einmal auf Erden gelebt haben."

Christliche Wissenschaft: „Teufel? Das ist nur eine Lüge, ein Glaube an Sünde, Krankheit und Tod. Die Annahme, es gäbe gute und böse Geister, ist ein Irrtum."

Die Aufweichung göttlicher Grundforderungen

Die Verderbnis der menschlichen Gesellschaft ist ein anderes Mittel der Strategie Satans. Gott hat seinen Willen hinsichtlich der menschlichen Gesellschaft klar formuliert: „Jedermann soll sich denen unterordnen, die die Regierungsgewalt ausüben. Denn es gibt keine staatliche Gewalt, die nicht von Gott kommt; die bestehenden Gewalten sind von Gott eingesetzt. Wer sich also der staatlichen Gewalt widersetzt, der widerstrebt der Anordnung Gottes; die ihr aber widerstreben, ziehen sich selbst das Urteil zu" (Römer 13,1.2).

In seinem Bestreben, die Autorität Gottes zu untergraben und die Struktur einer immer noch von Gottes Geboten beeinflussten Gesellschaft zu zerstören, hetzt Satan die Menschen auf, gesetzlos und unerlaubt zu handeln. Es scheint so, als habe diese Tendenz in unseren Tagen ihren Höhepunkt erreicht. Noch niemals in der Geschichte hat die Gesetzlosigkeit ein so weltweites

Ausmaß angenommen – und das in allen Bereichen der menschlichen Gesellschaft. Es scheint, als erleben wir heute die Erfüllung der Weissagung: „Weh aber der Erde und dem Meer! Denn der Teufel ist zu euch hinuntergekommen und hat großen Zorn, weil er weiß, dass er wenig Zeit hat“ (Offenbarung 12,12).

Eine neue Ära hat den Weg gebahnt für moralische Verunreinigung und Zersetzung von unermesslicher Tragweite, bis sich schließlich die eifrigen Anhänger selbst zu Grunde richten werden durch ihre Entartung. Der weltweit üblich gewordene Gebrauch von Drogen und die alarmierende Zunahme des Alkoholismus sind nur ein Teil der teuflischen Strategie, um den Menschen zu versklaven und für seine eigenen Leidenschaften zu missbrauchen.

Würde Paulus in unserer Zeit leben, so könnte er kein zutreffenderes Bild zeichnen als das im 2.Timotheus 3,1–5: „Das sollst du aber wissen, dass in den letzten Tagen schlimme Zeiten kommen werden. Denn die Menschen werden zu viel von sich halten, geldgierig sein, prahlerisch, hochmütig, schmähsüchtig, den Eltern ungehorsam, undankbar, unheilig, lieblos, unversöhnlich, verleumderisch, zuchtlos, wild, dem Guten feind, verräterisch, verwegen und verblendet. Sie lieben den Lebensgenuss mehr als Gott; sie geben sich den Anschein der Frömmigkeit, lassen aber deren Kraft vermissen.“

Sind Götzenbilder harmlos?

Es ist ein Irrtum, zu meinen, Götzenbilder seien nur der menschliche Ausdruck heidnischer Gottesvorstellungen. Dahinter steht eine geistige Wirklichkeit. Das Neue Testament lehrt, dass heidnische Götter, mögen sie nun Artemis, Apollo oder Aphrodite heißen, nicht nur eine

Personifizierung von Naturgewalten sind, sondern dämonische Geistesmächte, die im Hintergrund wirken.

Gewiss ist es wahr, dass das Götzenbild als solches nur ein toter Gegenstand ist, von dem keinerlei Kraft ausgeht. Aber die Dämonen im Hintergrund, denen die Heiden dienen, existieren wirklich und sind machtvoll. Paulus lässt die Christen in Korinth nicht im Zweifel darüber. „Was will ich nun damit sagen? Dass das Götzenopfer etwas ist? Oder dass der Götze etwas ist? Nein, sondern was man dort opfert, das opfert man den bösen Geistern und nicht Gott. Nun will ich nicht, dass ihr Gemeinschaft mit den bösen Geistern habt" (1.Korinther 10,19.20). Wer das Zeugnis der Schrift annimmt, wird finden, dass diese Aussage nicht klarer sein könnte.

Weil der Apostel Paulus davon überzeugt war, welche Gefahr darin liegt, mit bösen Geistern in Kontakt zu treten, hat er den Gläubigen eingeschärft, den Götzendienst zu fliehen. In ihm müssen wir den verborgenen Einfluss der Dämonen unter der Kontrolle Satans erkennen (Offenbarung 16,14).

Wie Satan die Gemeinde Jesu angeht

Ganz besonders bösartig verhält sich der Teufel gegenüber der Gemeinde Jesu Christi. Es ist sein erklärtes Ziel, die Kirche zu vernichten oder ihr Zeugnis bedeutungslos zu machen. Infolge der Auferstehung ist Christus für ihn unerreichbar. Die einzige Möglichkeit, ihn anzugreifen, ist die, gegen die Gemeinde vorzugehen, die ja der Leib Christi ist.

Seit jenem denkwürdigen Pfingsten in Jerusalem gibt es die Gemeinde Jesu Christi. Es dauerte nicht lange, und Satan erhob seine Hand gegen sie. Der erste Angriff Satans gegen die junge Gemeinde kam nicht von außen, sondern von innen. Barnabas hatte durch sein Opfer aus dem Erlös des Landverkaufs ein gutes Beispiel gesetzt. Ananias und Saphira wurden angeregt, diesem Beispiel zu folgen, waren sich aber zugleich einig, „den Heiligen Geist zu belügen“.

Der Bericht zeigt den Grund der Versuchung auf und macht auch die Härte des Gerichts verständlich. Hinter allem stand Satan als Triebkraft. „Warum hat der Satan dein Herz erfüllt, und warum hast du den Heiligen Geist belogen und etwas vom Erlös des Ackers zurückbehalten?“ (Apostelgeschichte 5,3). Nicht lange nach der Ausgießung des Heiligen Geistes, gleich zu Beginn der Gemeindegeschichte, machte Gott seine Autorität in der Gemeinde deutlich, indem er mit Gericht antwortete auf den Versuch, durch Heuchelei und Betrug die Gemeinde als Leib Christi zu untergraben.

„... etwas vom Erlös des Ackers zurückbehalten“, das war der bedeutsame Nebensatz. Satan ist immer auf unserer Seite, wenn er uns dazu bringen kann, uns Christus weniger als ganz zur Verfügung zu stellen. Er kann uns sogar zu „viel“ ermutigen, wenn damit eine „ganze“ Hingabe um so sicherer vermieden wird. Für das Reich Satans ist der gefährlich, der sein Leben der Herrschaft Christi ganz und gar unterstellt. Wenn Satan bei einem gläubigen Menschen diese Entschiedenheit erkennt, wird er aktiv, um ihn vom Wege des Kreuzes abzubringen. Zu den unaufgebbaren Bedingungen Christi hinsichtlich der Jüngerschaft gehörte auch diese:

„Wer nicht sein Kreuz trägt und mir nachfolgt, der kann nicht mein Jünger sein“ (Lukas 14,27). Der Teufel versucht, die Ganzhingabe zu durchkreuzen.

Als Jesus seinen Jüngern von seinem Leiden und Sterben sagte, antwortete Petrus voreilig und sehr menschlich: „Gott bewahre dich, Herr! Das widerfahre dir nur nicht! Er aber wandte sich um und sagte zu Petrus: Weg mit dir, Satan! Du bringst mich in Versuchung; denn du meinst nicht, was göttlich, sondern was menschlich ist" (Matthäus 16, 22–24).

Satan benutzt unsere wohlmeinenden Freunde und Verwandten, die sich mit uns verbinden durch menschlich sehr verständliches Mitgefühl, um uns davon abzubringen, dem das Kreuz nachzutragen, der es für uns getragen hat.

Der nächste Angriff des Widersachers gegen die Junge Gemeinde kam von außen in Form heftiger Verfolgung. Dic Botschafter des Evangeliums wurden um ihres Christuszeugnisses willen bedroht, verhaftet, ins Gefängnis geworfen, gefoltert, gesteinigt und getötet. Ein römischer Herrscher nach dem anderen verfolgte die christliche Gemeinde, obwohl sie sich dem Staat loyal unterordnete. Aber – und darin erging es ihnen ebenso wie den christusfeindlichen Israeliten – je mehr sie die Gemeinde verfolgten, desto mehr wuchs sie.

Als Satan sah, dass diese Kampfesweise fehlschlug, um den Vormarsch der Gemeinde Jesu aufzuhalten, änderte er seine Taktik und bemühte sich, ihr Zeugnis dadurch verklingen zu lassen, dass er ihr große Volkstümlichkeit verlieh. Damit hatte er tatsächlich mehr Erfolg. Durch Kaiser Konstantin wurde die Kirche öffentlich anerkannt, dadurch aber auch innerlich geschwächt.

Durch die Jahrhunderte hat Satan je nach Umständen die Methode seines Kampfes geändert, und das nicht ohne Erfolg. Jedoch ist es ihm nie gelungen (abgesehen von örtlichen Situationen) die Gemeinde Jesu zu zerstören. Das sollte uns nicht überraschen, denn gleich zu Anfang, als Jesus Christus von der Gemeinde sprach, hat er nicht nur von ihrer Schwachheit, sondern von ihrer Unüberwindlichkeit gesprochen: „Auf diesen Felsen will ich meine Gemeinde bauen, und die Pforten der Hölle sollen sie nicht überwältigen“ (Matthäus 16,18). Wie Satan Jesus Christus vom Weg des Kreuzes abbringen wollte, so versucht er bis heute, auch die Jünger davon abzubringen, ihrem Herrn auf diesem Weg zu folgen.

Wenn Satan die Gemeinde nicht vernichten kann, so versucht er, sie unglaubwürdig zu machen und auf diese Weise der Sache Gottes zu schaden. Einer seiner erfolgreichsten Schachzüge ist es immer gewesen, die Einheit der Gemeinde zu gefährden, indem er Unzufriedenheit und Spaltungen schuf. Es ist Aufgabe der Gläubigen, die „Einheit im Geist“ zu bewahren, jene Einheit, die der Geist Gottes selbst geschaffen hat. Die Ermahnung, die Einheit zu bewahren, schließt die Tatsache ein, dass diese Einheit angegriffen werden kann. Schon sehr früh in der christlichen Epoche hat Satan mit der Methode begonnen, durch das Bewirken von Unzufriedenheit und Spaltungen die Einheit zu gefährden, und diese Methode seither immer wieder angewandt.

Satan benutzt dazu Vorurteile und den Neid von Gemeindegliedern, er begünstigt Unduldsamkeit und Argwohn, um so das gegenseitige Vertrauen zu zerstören. Er schafft Gruppen und Parteiungen innerhalb der Gemeinde und macht so das Zeugnis einer auf diese Weise gespaltenen Gemeinde unglaubwürdig. Gegeneinander gerichtete Standpunkte spielen Satan mehr in die Hände als eine kritische Haltung. Wenn Vorurteile ein Gemeindeklima bestimmen, kommen sehr schnell Missverständnisse auf. Eine solche für Satan vorteilhafte Situation weiß er gut zu nutzen.

Oft „reserviert“ er diese Form des Angriffs gegen die Gemeinde für solche Gläubigen, die er nicht von der reinen Lehre des Wortes oder vom Tun des Willens Gottes abbringen kann. Er wird sie dazu anstacheln, in der Verteilung seiner Wahrheit – oder ihrer persönlichen

Auffassung darüber – so hitzig zu werden, dass darüber christliche Nächstenliebe und Höflichkeit in Vergessenheit geraten, dafür aber Unduldsamkeit, Argwohn und beißende Kritik Raum gewinnen. Nur allzu leicht ergibt sich dann über dem Gegenstand des Streites ein Wechsel von der Sache zur Person.

Auf dem Missionsfeld schafft Satan gerne Entzweiung unter den Missionaren und innerhalb der Missionsgruppen. So entstehen kleine Splittergruppen, die nicht in der Lage oder auch nicht willens sind, mit anderen evangelikalen Gruppen zusammenzuarbeiten. Gegen Ende des Zweiten Weltkrieges verblieben unter den 100 Millionen Japanern nur 200 Missionare. Innerhalb weniger Jahre gab es 150 verschiedene Missionsgruppen. Davon hatten zwar die meisten eine evangelikale Grundlage, aber viele arbeiteten auch völlig isoliert. Das musste den Heil suchenden Japaner verwirren. Über eine solche unnötige Aufsplitterung kann der Teufel sich nur freuen.

Eine andere List Satans ist es, die Gemeinde durch Irrlehre und Abfall zu untergraben. Kaum war die Gemeinde entstanden, da ließ er auch schon durch seine Handlanger falsche Lehre einfließen, besonders im Hinblick auf die Person Jesu Christi. Petrus schreibt darüber: „Es gab aber auch falsche Propheten unter dem Volk Israel, wie auch unter euch falsche Lehrer auftreten werden, die verderbliche Irrlehren einführen und den Herrn verleugnen, der sie erkauft hat ..., um ihretwillen wird der Weg der Wahrheit in Verruf geraten" (2. Petrus 2,1.2). Paulus nennt die Ursache des Abfalls: „Der Geist sagt deutlich, dass in den letzten Zeiten einige von diesem Glauben abfallen und irreführenden Geistern und teuflischen Lehren anhängen werden ..." (1.Timotheus 4,1). Was sollen wir unter den Lehren böser Geister oder den Lehren der Dämonen verstehen?

Lehren der Dämonen

Nirgendwo sind Satan und seine Diener so unablässig aktiv wie auf dem theologischen Gebiet. Er kennt sehr wohl die befreiende und erleuchtende Kraft der göttlichen Wahrheit. Darum versucht er, die göttliche Wahrheit zu verfälschen und das Vertrauen des Menschen auf Gottes Wort zu zerstören.

Paulus sah den Abfall voraus als das direkte Werk verführerischer Geister, die sich unaufrichtiger Lehrer bedienen. Der in 1.Timotheus 4,1 gebrauchte Ausdruck „teuflische Lehren" meint nicht eine Dämonologie, nicht Lehren über Dämonen, sondern Lehren, die Dämonen inspiriert haben. Welch ein Gedanke!

In der Gemeinde zu Thyatira gab es Leute, die nicht „die Tiefen Gottes" kennen gelernt hatten, sondern „die Tiefen Satans" (Offenbarung 2,24). In unseren Tagen finden wir die gleichen Dämonen am Werk. Sie bedienen sich der Theologen und Verkünder, die unter Verwendung rechtgläubiger Begriffe irrgläubige Lehren glaubhaft zu machen versuchen. Das Lehrziel des Teufels bleibt unverändert gleich: Seine Angriffe gelten den Hauptlehren der Bibel. So untergräbt er die Lehre von der Inspiration und Autorität der Heiligen Schrift. Er verneint die Menschwerdung Christi, seine Einzigartigkeit und Göttlichkeit. Er klammert die stellvertretende Bedeutung seines Todes aus. Er lehrt, dass die Auferstehung Christi nur geistig zu verstehen sei, und lässt offen, was das nun bedeuten soll. Er bestreitet, dass der Heilige Geist eine Person ist, die seine schändlichen Werke entschleiert. Kein anderer als der Heilige Geist hat aufgedeckt, welche Rolle Satan bei der Lüge des Ananias spielte. Von einem Heiligen Geist, der nichts anderes als nur ein „Einfluss" ist, hätte Satan nichts zu fürchten.

Machen wir uns noch einmal bewusst, was Petrus

über die Lehrtaktik Satans schreibt in 2.Petrus 2,1–3: „... unter euch falsche Lehrer, die verderbliche Irrlehren einführen und den Herrn verleugnen, der sie erkauft hat ... und um ihretwillen wird der Weg der Wahrheit in Verruf geraten. Und aus Habsucht werden sie euch mit lügnerischen Worten zu gewinnen suchen."

Satan auf der Kanzel

Rings um die Erde werden auf Tausenden von Kanzeln Predigten gehalten, die die zentralen Wahrheiten des christlichen Glaubens verneinen, und das Sonntag für Sonntag und im Namen der Christenheit. Es gehört meist der Vergangenheit an, dass solche Männer ehrlich erklärten, Atheisten zu sein und aus der Kirche austraten. In unseren Tagen bringen viele Gemeinden, Pfarrer und Theologie-Professoren sogar den „Gott-ist-tot-Theologen" große Wertschätzung entgegen.

Wenn Satan Verkündiger des Evangeliums so täuschen kann, dass sie von ihrer Kanzel Irrtümer verkünden, die er selbst ausgegeben hat, dann hat er einen signalisierenden Sieg gewonnen.

Satan wird tun, was in seinen Kräften steht, um zu verhindern, dass ein Christ, der in seinem Leben und Dienst versagt hat, wieder zurechtkommt. Das wird uns im 3. Kapitel des Propheten Sacharja veranschaulicht. Nach der Rückkehr aus der babylonischen Gefangenschaft schenkte Gott Sacharja eine Vision. Er sah, wie der Hohepriester Josua im wiederaufgebauten Tempel seinen heiligen Dienst aufnahm. Indem er das tat, vertrat er das gesamte Volk vor Gott. Dabei kam es unverzüglich zu einer Gerichtsszene, in der Satan als Ankläger auftrat. Zu seinem Entsetzen sah Sacharja, dass Josua mit schmutzigen Gewändern bekleidet war. Durch diesen Umstand war er nach dem Gesetz Mose untauglich geworden für die Nähe Gottes und den ihm anvertrauten heiligen Dienst. Noch mehr: Als Repräsentant des Volkes übertrug er diese Untauglichkeit auf das ganze Volk. Wir lesen bei Sacharja: „Und er ließ mich sehen den Hohenpriester Josua, wie er vor dem Engel des Herrn stand, und der Satan stand zu seiner Rechten, um ihn zu verklagen. Und der Engel des Herrn sprach zu dem Satan: Der Herr schelte dich, du Satan! Ja, der Herr, der Jerusalem erwählt hat, schelte dich! Ist dieser nicht ein Brandscheit, das aus dem Feuer gerettet ist?" (Sacharja 3,1–3). Als der Widersacher seine Anklagen vorbrachte, wusste Josua nichts zu antworten. Gott selbst sorgte dafür, dass Josuas schmutzige Kleider gegen reine Feiertagsgewänder ausgewechselt wurden. Es ist immer so, Satan bevorzugt es, die Gläubigen in schmutzigen Gewändern zu sehen. Ohne Vollmacht sind die Gläubigen harmlos für das Reich der Finsternis.

Das sollten wir nicht übersehen: Während weder Josua noch seine Leute die Anklagen Satans entkräften können – denn sie wissen, dass sie zutreffen –, tritt Gott selbst als Richter hinzu, wehrt die Anklagen ab und weist den Ankläger zurecht. Für Satan ist es immer eine Freude, einen Heiligen zu sehen, der durch Schuld untauglich geworden ist. Aber für unseren Fürsprecher ist es eine Freude, die schmutzigen Gewänder gegen das Gewand seiner eigenen Gerechtigkeit auszuwechseln und seinem Kind eine neue Möglichkeit zum Dienst zu geben, gerade so, wie er es mit Josua tat. „So spricht der Herr Zebaoth: Wirst du in meinen Wegen wandeln und meinen Dienst recht versehen, so sollst du mein Haus regieren und meine Vorhöfe bewahren. Und ich will dir Zugang zu mir geben mit diesen, die hier stehen" (Sacharja 3,7).

Satan benutzt auch die Überforderung und die Sorgen

im geistlichen Dienst, um das Glaubensleben „aufzuweichen“ und es geistlich kraftlos zu machen. Er vertauscht die Prioritäten, setzt zweitrangige Dinge auf den ersten Platz, um die Wirksamkeit des Einsatzes zu mindern. „... aber die Sorgen dieser Welt und der betrügerische Reichtum und die Begierden nach all dem andern dringen ein und ersticken das Wort, und so bleibt es ohne Frucht“ (Markus 4,19).

Die Apostel sahen sich dem Problem der vertauschten Prioritäten schon sehr früh gegenübergestellt. Mit der wachsenden Zahl der Gläubigen nahmen in der jungen Gemeinde auch die sozialen Aufgaben zu und verdrängten die wichtigeren geistlichen Dienste. Die Apostel hatten den erforderlichen Durchblick und erkannten die Weichenstellung Satans. Sie sprachen sehr deutlich, was ihre Aufgabe ist: „Es ist nicht recht, dass wir vor allem für die Armen sorgen und darüber das Wort Gottes vernachlässigen. Darum, ihr lieben Brüder, sehet euch nach sieben Männern in eurer Mitte um, die einen guten Ruf haben und erfüllt sind mit heiligem Geist und Weisheit; die wollen wir mit diesem Dienst betrauen. Wir selbst aber wollen weiter mit Gebet und Predigt dienen“ (Apg. 6,2–4).

Der Diener Christi wird immer Angriffspunkt des Widersachers sein. Und worum geht es dabei? Es soll dem Verhältnis zum Nächsten Vorrang eingeräumt werden gegenüber dem Verhältnis zu Gott. Und schließlich soll nach beiden Seiten alles in die Brüche gehen.

Verschiedene ökumenische Konferenzen haben wiederholt gezeigt, dass die sozialen Aktionen Vorrang erhalten haben gegenüber der Evangelisation und der Weltmission. Ganz leicht und geschmeidig hat sich dieser Wechsel der Priorität vollzogen. Damit soll durchaus nicht gesagt werden, dass der soziale Einsatz keine biblische Begründung hätte, aber für dessen Vorrangigkeit gibt es keine biblische Rechtfertigung. Und so sterben in der Zwischenzeit zwei Milliarden Menschen dahin ohne Gott und ohne Hoffnung.

Widerstände gegen die Missionsarbeit

Um die Ausweitung des Reiches Gottes abzuwenden, setzt der Teufel starke Kräfte ein, die den Missionseinsatz verhindern sollen. Kaum hatten die beiden ersten Missionare (Paulus und Barnabas) ihre für die ganze Welt bedeutende Aufgabe begonnen, als sie auf den Zauberer Elymas trafen und damit auf die von Satan inspirierte Opposition. Er widerstand ihnen. Paulus sah tiefer. „Paulus, erfüllt mit heiligem Geist, sah ihn scharf an und sprach: Du Sohn des Teufels, du hinterlistiger Betrüger, du Feind aller Gerechtigkeit, willst du nicht aufhören, die geraden Wege des Herrn zu durchkreuzen?" (Apg. 13,9.10).

Paulus erwähnt ferner, dass sein Plan, die Christen in Thessalonich zu besuchen, mehr als einmal durch Satans Aktivität durchkreuzt wurde: „... wir haben uns in großer Sehnsucht umso mehr bemüht, euch persönlich wiederzusehen. Darum wollten wir zu euch kommen, ich, Paulus, sogar mehr als einmal, doch der Satan hat uns daran gehindert" (1.Thessalonicher 2,17.18). Natürlich können wir nicht alle Schwierigkeiten auf unserem Weg Satan zuschreiben. Paulus aber erkannte den „großen Unbekannten" bei dem Versuch, den Bau der Gemeinde zu hindern.

Der Widersacher hat mehr als nur zwei Eisen im Feuer. Das belegt die Geschichte der Mission. Er greift Menschen, die zur Umkehr gekommen sind, mit unglaublicher Grausamkeit an, besonders nachdem sie den Bruch mit ihrem alten Leben durch den Empfang der Taufe bekannt haben. Er erzwingt einen falschen Gottesdienst. Das war schon in der Frühzeit der Kirche der Fall, als dem Einzelnen nur die Wahl blieb, sich dem Kaiserkult zu unterwerfen oder den Märtyrertod zu wählen. Während des Zweiten Weltkrieges war in Japan der Schreindienst des Shintoismus zur Pflicht gemacht worden. Wer sich dem entzog, musste mit sehr harten Strafen rechnen.

Im Heidenland erweckt Satan Antipathie und Opposition gegen die Verkünder des Evangeliums. Er schürt die Ausweisung aus dem Land. Die „Missionar-geh-heim-Bewegung" mag sich da und dort am Fehlverhalten von Missionaren entzündet haben, aber im letzten Grunde ist sie das Ergebnis von Satans Aktivität.

In den aussendenden Ländern schafft der Teufel Gleichgültigkeit gegenüber der Verpflichtung zur Mission und lässt die Quellen christlicher Opferbereitschaft austrocknen. Er hält junge Christen davon ab, sich der Mission zur Verfügung zu stellen, indem er einen falschen Begriff von Berufung für den missionarischen Dienst ausgibt. Und den Missionar drängt er in solch eine fieberhafte Aktivität, dass dieser nach Geist, Seele und Leib bald verbraucht ist.

Können wir sagen: „Denn wir wissen genau, was er im Sinn hat" (2.Korinther 2,11)?

Die geistliche Waffenrüstung

Ein englischer Theologe, F. C. Jennings, schreibt: „Diese Waffenrüstung gleicht nicht den veralteten Rüstungen, die wir im Tower in London oder sonstwo anschauen können. Sie ist für den Gebrauch heute gedacht und war nie verbesserungsbedürftig. Moderne Waffen sind schon nach wenigen Jahren veraltet, aber diese Waffenrüstung nicht. Gott sagt uns nicht, dass wir sie anschauen oder bewundern sollen; nein, wir müssen sie anlegen, denn eine Waffenrüstung, die nicht getragen wird, hat keinen Sinn."

Charles Wesley fängt in seinem Lied „Soldaten Christi, erwachet..." die Wahrheit ein, die Paulus in Epheser 6,10–18 lehrt. Natürlich wäre es sinnlos, nach außen hin gut gerüstet und im Innern schwach zu sein. Paulus setzt als selbstverständlich voraus, dass der Soldat Christi keine ererbte Macht gegen den altbösen Feind hat, sondern sie täglich neu von Gott empfangen muss. Beides ist nötig: Gott muss uns stärken, und wir müssen die Waffenrüstung anlegen. Folgende Punkte sollten wir uns hierzu einprägen:

1. Es ist *nicht unsere Rüstung,* die wir anzulegen haben, sondern die Waffenrüstung Gottes. Wir haben nichts von uns aus, das uns schützen oder den Sieg über den Widersacher bringen könnte. Die Waffen aus unserem eigenen Arsenal wären viel zu schwach. Nur die Waffen, die Gott zur Verfügung stellt, können uns helfen. Er rüstet uns kostenlos aus, aber es ist unser Teil, die Waffenrüstung anzulegen und zu nutzen.

2. Gott hat *keine Rückzugswaffen* geschaffen, sondern erwartet von seinen Kämpfern, dass sie im Angriff bleiben. Gott ermutigt uns nicht zum Fliehen, wenn der Kampf heißer wird.

3. Und schließlich brauchen wir die *ganze* Waffenrüstung Gottes. Falls wir einen Teil auslassen, ergeht es uns wie Achilles, d.h. wir bieten eine verwundbare Stelle und geben Satan die Möglichkeit, uns zu besiegen. Was nützt es, ein Stadttor zu verteidigen, beim andern aber den Feind hereinzulassen? Wir lernen aus Galater 3,27, dass unter der ganzen Waffenrüstung Gottes nicht weniger zu verstehen ist, als „Christus anzuziehen".

Paulus macht außerdem klar, dass der Kampf, den wir zu kämpfen haben, geistlicher Art ist: „Denn wir haben nicht mit Fleisch und Blut zu kämpfen, sondern mit den Mächtigen und Gewaltigen, mit den Beherrschern dieser finsteren Welt, mit den bösen Geistern zwischen Himmel und Erde" (Epheser 6,12). Der Soldat Christi muss hinter seinen Gegnern aus Fleisch und Blut den Bösen selbst erkennen, der diese unter seiner Kontrolle hat. Hinter ihnen stehen starke dämonische Mächte, gegen die wir uns im Kampf standhaft zu erweisen haben. Das aber können wir nur, wenn wir „unsere Sinne durch den Gebrauch geübt haben und deshalb Gutes und Böses unterscheiden können" (Hebräer 5,14). Worin besteht nun die „Waffenrüstung"?

Der Gürtel

Das erste Stück der Waffenrüstung, das angelegt werden muss, ist „der Gürtel der Wahrheit". Paulus benutzt in seiner bildlichen Rede die natürliche Ordnung, nach der ein Soldat die Waffenrüstung angelegt hat. Der Gürtel war der Haltegurt für die anderen Teile und gab jedem Teil seinen Platz. Der Gürtel, an dem das Schwert hing, gab ihm im Kampf nicht nur Bewegungsfreiheit, sondern schützte auch seine Lenden.

„Die Wahrheit" ist der einende und stärkende Faktor in der Lebenserfahrung des Soldaten Christi. Ging es nicht bei Satans erstem Angriff gegen die Menschheit um die Wahrheitsfrage? Stellte er nicht die Wahrhaftigkeit und Vertrauenswürdigkeit Gottes infrage? „Sollte Gott gesagt haben?“ (1. Mose 3,1).

Wir müssen darauf vorbereitet sein, dass uns „der Vater der Lüge“ auch in der Wahrheitsfrage angehen wird. Er wird uns zu Heuchelei und Unaufrichtigkeit versuchen, damit wir einwilligen in Unwahrheiten oder Halbwahrheiten. Die einzige Sicherheit für uns ist die, dass unser ganzes Leben ausgefüllt bleibt von der Wahrheit Gottes. Im Blick auf dieses Ziel müssen uns die großen Wahrheiten von Gottes Heiligkeit, Gerechtigkeit, Liebe, Allmacht und nie versagender Treue leiten.

Bin ich bereit, diesen geistlichen Kampf zu kämpfen? Findet Gott in mir ein aufrichtiges Herz, frei von Tücke und Heuchelei? Mit Gottes Wahrheit sind wir für den Kampf gut ausgerüstet.

Der Brustharnisch

Auch der Brustharnisch der Gerechtigkeit muss am Gürtel der Wahrheit befestigt werden. Mit dem Brustharnisch, der vom Nacken bis zu den Oberschenkeln reichte, sollten die lebenswichtigen Organe des Soldaten geschützt werden. Gerechtigkeit darf hier nicht als ein philosophisch-abstrakter Begriff verstanden werden, sondern vielmehr als ein zugehöriger Teil eines geheiligten Lebens, als ein gutes Gewissen vor Gott und Menschen. So gewiss mit Gerechtigkeit die uns in Christus zugeeignete Gerechtigkeit gemeint ist, so gewiss ist es aber auch die Gerechtigkeit, die der Heilige Geist in uns wirkt, die z. B. an der Sauberkeit des Charakters erkennbar wird. Wo im Leben des Gläubigen keine moralische Rechtschaffenheit zu finden ist, da gibt es auch keine Abwehr der Anklage, die der Widersacher vorbringt. Aber wenn uns unser Herz nicht verdammen muss, dann haben wir eine wirkungsvolle Waffe gegen alle Angriffe und Anklagen.

Die Schuhe

In allen Jahrhunderten hat die Ausrüstung der Soldaten mit dem rechten Schuhzeug eine große Rolle gespielt. Ein Soldat, der nicht fest auf seinen Füßen stehen und marschieren kann, kann auch nicht kämpfen. Vor solchem Hintergrund mögen wir es verstehen, wenn Paulus schreibt: „... und tragt als Schuhe die Bereitschaft, das Evangelium des Friedens zu verkündigen." Josephus schreibt, dass die Sandalen der römischen Soldaten dicht mit Nägeln beschlagen waren, um für lange und schnelle Märsche brauchbar zu bleiben. Die paulinische Ausdrucksweise meint den Soldaten, der fertig ist für Schnelleinsätze. Hier ist an das Gegenteil von Trägheit und Gleichgültigkeit gedacht.

So paradox es klingen mag, dieses Bild von der Kampfbereitschaft steht im inneren Zusammenhang mit der Friedensbotschaft des Evangeliums. Welche Botschaft sonst bringt Frieden anstelle von Sorgen, Angst und Bedrängnis? Es ist ja gerade der herrliche Inhalt des Evangeliums, der den Soldaten Christi in dringliche Eile versetzt und den Kampf aufnehmen lasst gegen den Feind, der den Frieden mit Gott und Menschen hindern möchte. Ein Herz, das Frieden mit Gott empfangen hat, versetzt in die Lage, die Botschaft des Evangeliums bis ans Ende der Erde zu tragen.

Vertue ich die Zeit? Verliere ich die Bereitschaft, andern die Botschaft des Friedens zu bringen?

Der Schild

Der römische Schild war ein mit Leder überzogener

Metallschild und maß etwa 120 zu 75 cm. Er gab dem ganzen Körper Schutz. Auch der Schild des Glaubens schützt die ganze Person des Soldaten Christi vor den feurigen Wurfgeschossen des Zweifels und des Unglaubens. Im Altertum wurde die mit Werg (= Flachsabfall) umwickelte Pfeilspitze in Pech getaucht und vor dem Abschuss angezündet. Auf diese Weise wurden die Pfeile zu einer furchtbaren Waffe. Aus Gründen der Abwehr sorgte der Soldat vor dem Kampf dafür, dass sich der Lederbezug seines Schildes mit Wasser vollsog. Der nasse Lederbezug drückte das Feuer der Pfeilspitze aus, während die Pfeilspitze selbst beim Auftreffen auf den darunterliegenden Metallschild stumpf oder abgebogen und damit unbrauchbar wurde.

Ebenso wirkt auch der vertrauensvolle Glaube an Gottes Allmacht. Die feurigen Pfeile der Hölle, die auf einen solchen Glaubensschild auftreffen, verlieren ihre Wirkung. Von der Wortbedeutung her ist nicht ein Einzelakt des Glaubens gemeint, sondern eine Glaubenshaltung, die von Gottes Macht und Sieg überzeugt bleibt. In diesem Glauben muss man bleiben. Von ihm kann man sich nicht schnell mal beurlauben lassen, denn die Versuchungen Satans kommen manchmal wie ein Blitz aus heiterem Himmel. Wir wissen nicht, von welcher Seite her er uns das nächste Mal versuchen wird.

Joseph ahnte nicht, als er Potiphars Haus betrat, dass sich in einem für ihn kritischen Moment eine Weichenstellung für sein ganzes weiteres Leben ergeben würde. In der Tat, seine Glaubenstreue bewirkte einen Einschnitt in der Weltgeschichte. Später hat Gott seine Glaubenstreue belohnt.

Paulus benutzte den Schild des Glaubens, als er erklärte: „Denn ich bin gewiss, dass weder Tod noch Leben, weder Engel noch Mächte noch Gewalten, weder

Gegenwärtiges noch Zukünftiges, weder Hohes noch Tiefes noch irgendein anderes Geschöpf uns scheiden kann von der Liebe Gottes, die in Christus Jesus ist, unserm Herrn“ (Römer 8,38.39).

Der Helm

Der Helm, aus Leder oder Metall gefertigt, war natürlich als Schutz für den Kopf gedacht. Er hatte nur eine Verteidigungsaufgabe. Der Helm des Heils deutet auf den Schutz für unser Fühlen, Denken und Wollen. Darauf richten sich die feurigen Pfeile Satans. Infolge eines ungeschützten und zuchtlosen Geistes kann der Soldat Christi leicht ein Opfer glaubensloser und schmutziger Gedanken werden und auf andere Irreführungen des Feindes hereinfallen. Der Teufel kämpft darum, den Menschen ganz unter seine Kontrolle zu bekommen, und er tut es, indem er das Schulsystem, die Literatur und die Massenmedien der Welt mit seinem Geist durchdringt. In dieser Hinsicht äußerte Paulus seine Sorge um die brillanten Korinther: „Ich fürchte aber, dass, wie die Schlange Eva mit ihrer List verführte, auch eure Gedanken von der ungeteilten Hingabe an Christus abgewendet werden könnten“ (2.Korinther 11,3).

Wir sollten bedenken, dass die Waffenrüstung nicht eine leibliche, sondern geistige und geistliche ist. Der Teufel macht unser Fühlen, Denken und Wollen zu seiner Werkstatt. Daher ist es so notwendig, „alles Denken gefangenzunehmen und es zum Gehorsam gegen Christus zu führen“ (2.Korinther 10,5). Es ist der Helm des Heils, der unsere Gedanken bewahrt. Solches Heil wird von der Erfahrung her verstanden. Eine korrekte Definition des Begriffs „Heil“ genügt nicht. Auch die Dämonen wissen darum und zittern.

„Heil“, das ist ein weitreichendes Wort, das Vergangenheit, Gegenwart und Zukunft umspannt. Wir sind errettet worden von Schuld und Strafe vergangener Sünden. Wir sind heute frei von der Macht der Sünde. Und wir werden errettet von der verdammenden Wirkung der Sünde in der Zukunft, wenn Christus wiederkommt. Die Kenntnis und Freude über eine so große Errettung, das Wissen um das vollkommene Heil bedeutet im geistlichen Kampf ungemein viel.

Bin ich ganz und gar davon überzeugt, dass „er die für immer retten kann, die durch ihn zu Gott kommen" (Hebräer 7,25)? Wenn ich in diesem Punkt einem feurigen Pfeil des Zweifels in meinem Herzen Raum gebe, so wird es in meiner feuergefährlichen alten Natur zu einem Brand kommen, der mich kampfuntüchtig macht gegenüber den Mächten der Finsternis.

Das Schwert

Das römische Schwert war kurz, kräftig und scharf. Es war außerordentlich gut geeignet für den Angriff und den Nahkampf. Es gehört zum Soldaten Christi, das Schwert aus der Hand seines Befehlshabers zu empfangen als ein Schwert des Geistes, gleichermaßen geeignet als Angriffs- und Verteidigungswaffe.

Es gibt da ein Missverständnis. Manche Leute meinen, die Bibel sei unser Schwert. Hier muss man fein unterscheiden. Das Schwert des Geistes ist das Wort Gottes. So gewiss die Bibel Gottes Offenbarungswort an uns ist, so gewiss bleiben die Druckbuchstaben der Bibel kraftlos wie irgendwelche Druckbuchstaben, solange Gottes Geist nicht am Herzen des Menschen wirkt. Wo aber das Wort Gottes in der Kraft bezeugt wird, wirkt es mächtig. Die Gegenwart des Geistes im Wort macht es zum lebendigen Wort.

Viele von uns wissen aus Erfahrung, dass es durchaus möglich ist, das Wort rechtgläubig auszulegen und doch ohne Geisteskraft. Nur wenn der Geist Gottes das Schwert gebraucht, ist es mächtig und wirkungsvoll. Wenn das Wort allein in menschlicher Macht und Weisheit gesprochen wird, kann sich sein Inhalt leicht verändern und zum Buchstaben werden, der tötet. „Der Buchstabe tötet, aber der Geist macht lebendig." Darum müssen wir in Zeugnis und Predigt vom Heiligen Geist abhängig bleiben, denn er macht das Wort „lebendig und wirksam und schärfer als jedes zweischneidige Schwert, und es dringt durch, bis es Seele und Geist, Mark und Knochen scheidet, und es ist ein Richter der Gedanken und Regungen des Herzens" (Hebräer 4,12).

Falls wir es nicht lernen, das Schwert des Geistes recht zu gebrauchen, werden wir untauglich bleiben. Lag nicht gerade in dieser Waffe das Geheimnis des Sieges im Kampfe Jesu mit dem Teufel bei der Versuchung in der Wüste?

Betet allezeit

Das letzte Ausrüstungsstück der Waffenrüstung, das wir haben und benutzen müssen, ist das andauernde Gebet. „Und betet allezeit mit Bitten und Flehen im Geist und wacht dabei mit aller Ausdauer. Bittet für alle Heiligen" (Epheser 6,18).

Diese letzte Waffe macht alle anderen erst wirkungsvoll. Durch sie wird der schwache Kämpfer zum Überwinder, zum Sieger. Wenn wir hoffen dürfen, über den gerissenen und heimtückischen Widersacher Sieger zu bleiben, dann allein durch Gebet, das von Ausdauer und Wachsamkeit, von Konzentration und Vertrauen bestimmt wird.

Es ist das Gebet „im Geist", das Antwort empfängt, das vom Geist geleitet und aus der Kraft des Geistes gesprochen wird. Ein Gebet, das nur aus gutgemeinten menschlichen Wünschen kommt, stört Satans Reich nicht.

Es ist das selbstlose Gebet, das anhaltend für alle Heiligen fleht, jenes Gebet, das die Welt umspannt – an allen Plätzen, in jeder Lage, für die Menschen aller Völker, das unaufhörliche Gebet. Nur so kann der Soldat Christi in ständigem Kontakt mit seinem himmlischen Kommandeur bleiben.

Und wenn wir nicht wissen, wie wir beten sollen, so wird der Geist unserer Schwachachheit aufhelfen und uns deutlich machen, was der Wille Gottes ist. „Er tritt für die Heiligen ein, wie es Gott gefällt“ (Römer 8,27).

Vollmacht von oben

Der Soldat Christi braucht nicht nur eine Waffenrüstung für den Feind von außen, er braucht auch Kraft für sich selbst, für den inneren Menschen. Wo die modernen Sprachen von Vollmacht, Macht, Gewalt oder Kraft sprechen, liegen dem Neuen Testament zwei ganz bestimmte griechische Worte zu Grunde. In Luk. 10,19 heißt es: „Seht, ich habe euch Macht (exousia) gegeben, auf Schlangen und Skorpione zu treten, und Macht über alle Gewalt (dynamis) des Feindes ..." Das griechische Wort „dynamis" wird gebraucht, um den Gedanken der angeborenen Kraft oder der eigenen Mächtigkeit zum Ausdruck zu bringen. Es wird unterschieden von „exousia" als einer übertragenen Kraft oder einer zugeeigneten Macht. Wenn im Neuen Testament die Evangelisten von der Vollmacht Jesu, unseres Herrn, sprechen, gebrauchen sie nicht das Wort „dynamis". Die einzige Stelle wäre Lukas 4,36, aber dort wird der Eindruck der Leute wiedergegeben: „Was ist das für ein Wort? Er gebietet mit Vollmacht und Kraft den unreinen Geistern, und sie fahren aus." Wenn die Evangelisten von Jesu Vollmacht sprachen, gebrauchten sie immer das Wort „exousia". So auch im Herrenwort selbst: „Mir ist alle Macht im Himmel und auf Erden gegeben" (Matthaus 28,18).

Diese auffallende Tatsache scheint darauf hinzudeuten, dass sich unser Herr, obwohl er Gottessohn und Menschensohn zugleich war, so sehr unseren menschlichen Grenzen unterworfen hat, dass er sich bei den mächtigen Zeichen und Wundern, die er tat, nicht seiner eigenen Macht bediente, sondern allein der ihm übereigneten Vollmacht von Gott dem Vater.

In dieser Tatsache liegt für uns eine große Ermutigung.

Wenn wir von den Zeichen und Wundern lesen, die Christus tat, von seiner Vollmacht in allen Bereichen, so sind wir leicht geneigt zu sagen: „Ja, er hatte ja auch den Vorzug, Gottes Sohn zu sein. Ihm standen ganz andere Möglichkeiten zur Verfügung. Wer aber bin ich? Es hilft mir nicht viel in meinem Ringen mit Satan und der Sünde, dass ich mir bewusst mache, welche Vollmacht er besaß. Er hatte Möglichkeiten zur Verfügung, von denen ich nur träumen kann."

Das ist ein Trugschluss. Wenn von Jesus und seinem Wirken die Rede ist, wird das Wort „exousia" gebraucht und damit von einer übertragenen Vollmacht gesprochen, nicht aber das Wort „dynamis", das eine angeborene, mitgegebene Kraft meint. Die Vollmacht, aus der heraus Jesus handelte, war ihm vom Vater übertragen worden, die empfing er immer wieder von ihm. Christus brauchte nicht die souveräne Macht, über die er als Sohn Gottes hätte verfügen können. Seine Wunder kamen auf die gleiche Weise zu Stande wie die seiner Jünger. So gewiss sich der Menschensohn nie der Gottessohnschaft entäußert hat, so gewiss blieb er doch in Knechtsgestalt. Er blieb abhängig von der Vollmacht, die der in ihm wohnende Heilige Geist ihm gab. Er lebte aus der Gemeinschaft mit dem Vater, aus dem „du, Vater, in mir und ich in dir".

Anstatt nun entmutigt zu werden durch die Tatsache, dass Jesus als der Sohn Gottes über göttliche Macht verfügte, die uns nie zur Verfügung steht, haben wir Grund genug, uns ermutigen zu lassen. Obwohl ihm solche Macht zur Verfügung stand, hat er sie doch nicht gebraucht, sondern sich nur der Macht bedient, die ihm der Vater gab.

Ein Verkehrspolizist, der seinen Dienst an einer Kreuzung versieht, hat nicht viel Macht. Jeder Autofahrer könnte ihn umfahren und in einem Augenblick zu Tode bringen. Aber er hat Autorität. Tausende von Autofahrern respektieren die ihm übertragene Autorität, denn sie wissen, hinter diesem Polizisten steht die obrigkeitliche Gewalt. Wenn wir die uns übertragene Vollmacht gegen Satan und sein Reich der Finsternis anwenden, dann steht dahinter die ganze Macht Gottes. Wie wird sich diese Vollmacht äußern?

Das vollmächtige Gebet

Gebete können von recht unterschiedlicher Art sein. Das haben wir alle schon bei uns selbst erfahren. Mein Gebet kann Ausdruck eines unangefochtenen, entspannten Glaubens sein – nach der Art: „Bittet, so wird euch gegeben" (Matthäus 7,7). Es kann aber auch Ausdruck der Anspannung in einem geistlichen Konflikt sein. So betete Paulus für die Christen in Kolossä:

„Ich will euch nämlich wissen lassen, wie sehr ich um euch ringe" (Kolosser 2,1). „Denn wir haben nicht mit Fleisch und Blut zu kämpfen, sondern mit Fürsten und Gewaltigen, nämlich mit den Herren der Welt, die in der Finsternis dieser Welt herrschen, mit den bösen Geistern unter dem Himmel" (Epheser 6,12). Diese Art von Gebet scheint den Christen heute weithin fremd zu sein. Jesus aber war solche Art nicht fremd. Gleichsam eine graphische Darstellung der Auswirkung des ringenden, vollmächtigen Gebets gibt uns der Herr in den Worten: „Wenn ich aber die bösen Geister durch den Geist austreibe, so ist ja das Reich Gottes zu euch gekommen. Oder wie kann jemand in das Haus eines Starken eindringen und ihm seine Sachen rauben, wenn er nicht vorher den Starken fesselt? Erst dann kann er sein Haus berauben. Wenn ein Starker gewappnet seinen Hof bewacht, so bleibt sein Besitz in Frieden. Wenn aber ein Stärkerer über ihn kommt und ihn überwältigt, so nimmt er ihm seine Rüstung weg, auf die er sich verlassen hatte, und verteilt die Beute" (Matthäus 12,28.29; Lukas 11,21.22).

Auf diese Weise hat Jesus klar gestellt, wie abwegig die Unterstellung der Pharisäer ist, er würde die Dämonen durch den Obersten der Dämonen austreiben. Wer kann den Teufel nur für so naiv halten, dass er sein eigenes Reich zerstören würde? Jesus stellte klar, dass die Dämonenaustreibungen seine Überlegenheit über Satan, nicht aber seine Abhängigkeit ausweisen.

Der starke Mann ist offensichtlich der Teufel, dessen Macht über die Menschen groß ist, wenn auch begrenzt. Der Stärkere ist kein anderer als Jesus, das Lamm Gottes, dessen Blutskraft uns befähigt, die Mächte der Finsternis zu überwinden (Offb. 12,11). In diesem Kampf zwischen rivalisierenden Herrschern und Reichen kommt dem, der Fürbitte tut, eine entscheidende Rolle zu. Seine Gebete werden nur dann voll zur Auswirkung kommen, wenn er begreift, dass der Sieg Jesu auf Golgatha ein totaler Sieg über den Teufel war, den es auszuwerten gilt.

Erst binden – dann berauben!

Zunächst müssen wir den Starken fesseln, und erst dann können wir ihn berauben. Haben wir schon einmal versucht, uns als Herren des Hauses zu fühlen, als er noch ungebunden war? Falls ja, dann ist es kein Wunder, dass Satan Seelen, die wir ihm zu entreißen suchten, bald wieder an sich binden konnte. Das ist die Erfahrung, die so viele Missionare entmutigt hat. Sie haben erlebt, dass Menschen den Glauben an Jesus bekannten und erste hoffnungsvolle Schritte taten, dann aber wieder ins Heidentum zurückfielen. Zu viele unserer Gebete gleichen mehr dem aufrichtigen und wiederholt vorgebrachten Wunsch eines ernsthaften Bittstellers als dem, was Jesus mit dem Ausdruck „den Starken binden“ meint.

Oft sind doch unsere Gebete mehr Wunsch als Glaube. Gott aber ist nicht verpflichtet, auf unsere Wünsche zu antworten.

Wie war das bei Jesus? Neben vielen kleineren hatte er drei große Zusammenstöße mit dem Teufel, nämlich in der Wüste, in Gethsemane und auf Golgatha. Bei der Versuchung in der Wüste siegte er meisterhaft mit dem Schwert des Geistes. Abgeschlagen verließ ihn der Teufel eine Zeit lang.

In Gethsemane ergab sich der nächste große Zusammenstoß mit dem Teufel. Die Auseinandersetzung mit den Mächten der Finsternis war so stark, dass sein Schweiß wie Blutstropfen zur Erde fiel. Wie kam hier der Herr zum Triumph über Satan? Indem er seinen Willen ganz in den Willen des Vaters gab. Beachten wir die Entwicklung von Gebet zu Gebet. „Er kniete nieder und betete: Vater, wenn du willst, dann nimm diesen Kelch von mir. Doch nicht mein, sondern dein Wille geschehe!“ (Lukas 22,41.42).

„Noch ein zweites Mal ging er hin und betete: Mein Vater, wenn es nicht möglich ist, dass dieser Kelch an mir vorübergeht, ohne dass ich ihn trinke, dann geschehe dein Wille!“ (Matthäus 26,42). Im zweiten Gebet wird nicht mehr der Wille Jesu erwähnt. Nun heißt es nicht mehr länger „mein Wille“ und „dein Wille“, sondern nur noch „dein Wille“. Von welcher Seite auch ein anderes Wollen kommen mochte, nun gilt Jesu Aussage: „Soll ich den Kelch nicht trinken, den mir mein Vater gegeben hat?“ (Johannes 18,11).

So erfuhr Satan erneut eine erschütternde Niederlage. Jesus ließ sich nicht davon abbringen, dem Willen des

Vaters ganz und gar unterstellt zu bleiben, auch nicht durch das Wissen um den Kreuzestod. Ebenso gilt für uns: Das Ja zum Willen Gottes ist die entscheidende Voraussetzung für den Sieg.

Die vollständige und endgültige Niederlage erfuhr der Teufel auf Golgatha, als Christus durch seinen Tod über ihn triumphierte: „Er hat die Mächte und Gewaltigen entwaffnet und sie öffentlich zur Schau gestellt und hat über sie triumphiert" (Kol. 2,15). Der eigentliche Sinn seiner Menschwerdung war, „durch seinen Tod den zu vernichten, der die Macht über den Tod hat, das ist der Teufel" (Hebräer 2,14).

„Den zu vernichten, der die Macht hat" oder „den Starken binden" sind nur zwei verschiedene Ausdrücke für dieselbe Sache. Jesus ist Sieger. Und wir dürfen als Glieder seines Leibes teilhaben an seinem Sieg.

Jesu Sieg ist unser Sieg

Doch wie wird der Sieg über Satan für uns anwendbar im persönlichen Leben und im praktischen Dienst? Es genügt nicht zu wissen, dass Christus uns durch seinen Kreuzestod die Möglichkeit zur Rettung aus der Macht Satans geschaffen hat, wenn wir merken, wie der Teufel diese Macht immer noch ausübt und uns als Sklaven der Sünde gefangen hält. Die gebotene Möglichkeit muss zur Wirklichkeit werden. Das wird aber nur geschehen, wenn wir die geistliche Autorität, die Christus uns gegeben hat, ganz entschieden anwenden. Als die Siebzig von ihrem Missionseinsatz zurückkehrten und sich darüber freuten, dass ihnen im Namen Jesu auch die bösen Geister untertan waren, machte Jesus eine erstaunliche Aussage, deren volle Bedeutung nur selten erkannt wird. „Ich sah den Satan vom Himmel fallen wie einen Blitz. Seht, ich habe euch Macht gegeben ... über alle Gewalt des Feindes“ (Lukas 10,18.19). Unsere Position heute ist keinesfalls schlechter als die der Jünger damals.

Die Macht (= Vollmacht) „über alle Gewalt des Feindes“ konnten die Jünger in jeder Situation und zu jeder Zeit anwenden. Selbst der Teufel konnte sich dieser Vollmacht nicht entziehen. Als sie diese Vollmacht anwandten, entdeckten sie, dass sie nicht nur eine einzigartige Möglichkeit, sondern Wirklichkeit war. „In meinem Namen – aufgrund der von mir verliehenen Autorität – werden sie böse Geister austreiben“ (Markus 16,17). So dürfen auch wir in der Vollmacht Jesu Satan „binden“, ihm seine Macht nehmen und „seinen Hof ausrauben“.

Jesus war den Dämonen wohlbekannt. „Jesus kenne ich, erklärte der böse Geist“ (Apg. 19,15). „Ich weiß, wer du bist: der Heilige Gottes“ (Markus 1,24). Dreißig Jahre lang hatten die Dämonen Jesu Leben beobachtet und wussten, dass sie ihm gegenüber nichts ausrichten konnten. Sie respektierten seine Vollmacht. Sind unsere Gebete wirkungsvoll, so dass der Starke gebunden wird? Oder lacht er nur über unsere kümmerlichen Versuche, in sein Haus einzubrechen?

Warum klagte der Vater des besessenen Jungen über die Kraftlosigkeit der Jünger? „Ich habe ihn zu deinen Jüngern gebracht, doch sie konnten ihm nicht helfen“ (Matthäus 17,16). Jesus antwortete: „Wegen eures Kleinglaubens“ (Matthäus 17, 20). Sie vertrauten zu wenig auf die Vollmacht, die ihnen ihr Herr gegeben hatte. Ihr Kleinglaube lähmte sie.

Wenn wir in eine Situation geraten, für die unsere menschliche Kraft ganz und gar nicht ausreicht, dann liegt es an uns, ob wir Gebrauch machen von der Autorität Christi, ob wir uns auf den errungenen Sieg am Kreuz berufen und im Glauben festbleiben, bis der Sieg in unserer Situation offenbar wird.

Satans Macht ist begrenzt

Wir sollten die Macht und die Bosheit unseres Widersachers nicht unterschätzen, aber ebensowenig in den gegenteiligen Irrtum verfallen und sie überschätzen. Furcht kann lähmen.

Nirgendwo in der Schrift werden dem Teufel göttliche Attribute wie Allwissenheit, Allmacht oder Allgegenwart zugeschrieben. Weil er ein geschaffenes Wesen ist, ist seine Macht natürlich nur begrenzt. Ein origineller Prediger stellte die Frage: „Ist Satan allgegenwärtig? Nein, aber er ist sehr flink. Ist er gebunden? Ja, aber er hat eine lange Leine." Zum Glück kann er zur selben Zeit nur an einem Platz sein. Als er Christus in der Wüste versuchte, hatte die übrige Welt vor ihm Ruhe. Doch durch seine vielen Helfershelfer ist er in der Lage, eine „begrenzte Allgegenwart" zu schaffen.

Noch etwas: Seine Macht ist keine eigene, sondern eine von Gott geliehene. „Denn es ist keine staatliche Gewalt, die nicht von Gott kommt: die bestehenden Gewalten sind von Gott eingesetzt" (Römer 13,1). Diese Aussage kann ebenso auf die Macht des Teufels bezogen werden. Als er Hiob versuchte, konnte er nur so weit gehen, wie Gott es ihm erlaubte. Er durfte Hiobs Leib mit Krankheiten belasten, aber hatte keine Macht über sein Leben. „Der Herr sprach zu dem Satan: Siehe da, er sei in deiner Hand, doch schone sein Leben" (Hiob 2,6).

Obwohl die Heilige Schrift ihn „Gott dieser Welt" nennt, ist der Teufel doch nicht höchste Autorität. Über ihm ist Gottes Einhalt gebietende Hand. Auch bei der Versuchung hat Satan nicht freie Hand. „Aber Gott ist treu, der euch nicht über eure Kraft versuchen lässt..." (1.Korinther 10,13).

Entgegen weit verbreiteter Meinung gibt es in der Schrift keinen Hinweis, der besagen würde, dass Satan die Zukunft unfehlbar voraussagen könne. Er muss seine Informationen sammeln wie wir auch. Nur hat er den Vorteil, über einen gut organisierten Stab böser, aber gehorsamer Diener zu verfügen. „Verkündigt uns, was hernach kommen wird, damit wir erkennen, dass ihr Götter seid“ (Jesaja 41,23).

Die Evangelien berichten wiederholt davon, dass der Teufel die Feinde unseres Herrn dazu bewegte, ihn gefangenzunehmen oder zu töten. Aber bevor nicht die Stunde Gottes gekommen war, blieben sie völlig machtlos und konnten es nicht ausführen. Wir sind geschützt vor der Macht Satans, solange wir mit unserm Herrn im Licht wandeln. Wir sollen uns durch den Widersacher nicht erschrecken lassen, denn, so sagt die Schrift:

„... der in euch ist, ist größer als der, der in der Welt ist“ (1.Joh. 4,4). Nichts kann uns scheiden von der Liebe Gottes in Christus. Paulus schreibt: „Denn ich bin gewiss, dass weder Mächte noch Gewalten ... noch irgendein anderes Geschöpf kann uns scheiden von der Liebe Gottes, die in Christus Jesus ist, unserm Herrn“ (Römer 8,38.39).

Über die Seinen, die ihm nachfolgen, hält der Herr seinen schützenden Schild. Jeden einzelnen der Seinen hat Gott schützend umzäunt. Bei Hiob (Hiob 1,10) konnte Satan diesen Zaun nicht übersteigen ohne die göttliche Erlaubnis. Das ist ein ganz großer Trost.

Darum: Satans Macht ist nicht unbegrenzt, sondern kontrolliert; nicht unbesiegbar, sondern bereits zerschlagen (Lukas 11,21.22); nicht eine triumphierende, sondern eine gerichtete Macht (Offenbarung 20,2.3).

Der besiegte Feind

Die Hoffnung des Gläubigen auf den Sieg im Kampf mit Satan und seinen Gefolgsleuten liegt außerhalb seiner selbst, denn er hat keine Kraftquellen in sich selbst, die ausreichend wären, um dem erfahrenen und gerissenen Widersacher recht zu begegnen und ihn besiegen zu können. Seine einzige Hoffnung ist die, teilhaben zu dürfen am Sieg Christi. Diesen Sieg hat die Schrift vorausgesagt.

„Dazu ist der Sohn Gottes erschienen, die Werke des Teufels zu zerstören" (1.Johannes 3,8).

„Er (Jesus) sagte aber zu ihnen: Ich sah den Satan vom Himmel fallen wie einen Blitz. Seht, ich habe euch Macht gegeben ... über alle Gewalt des Feindes" (Lukas 10,18.19).

„Er hat die Mächte und Gewaltigen entwaffnet und sie öffentlich zur Schau gestellt und hat über sie triumphiert in Christus" (Kolosser 2,15).

Diese und andere Schriftstellen bezeugen den Sieg des Herrn über Satan am Kreuz. Dort erfüllte sich das Wort: „Er soll dir den Kopf zertreten, und du wirst ihn in die Ferse stechen" (1. Mose 3,15). Das bedeutete für Christus zwar Leiden, für Satan aber Vernichtung.

Seit Golgatha kann der Ankläger den Gläubigen vor dem Thron Gottes nicht mehr verklagen. Seine Macht ist nur noch eine leere Schau. Unter seiner Macht bleibt nur der, der es nicht besser weiß oder von der Vollmacht, die uns unser siegreicher Herr übertragen hat, nicht Gebrauch macht.

Der Gläubige, der seinem Herrn treu ergeben ist, braucht sich vor dem Teufel nicht zu fürchten. Vielmehr sollte er sich immer wieder bewusst machen, dass Satan ein besiegter und überwältigter Feind ist. Achten wir auf die Aussage in Lukas 10,19: „Ich habe gegeben..." Das ist keine Verheißung für die Zukunft. Es ist die Aussage einer Tatsache, die wir im Vertrauen annehmen und nach der wir handeln dürfen. Diese Aussage kommt aus dem Mund Christi. Sie drückt das gegenwärtige Ergebnis einer vergangenen Handlung aus. Nachdem wir erst einmal aus Satans Ketten befreit worden sind, ist es unsere Aufgabe, die uns übertragene Vollmacht anzuwenden, „den Starken zu fesseln und sein Haus zu berauben" (Markus 3,27).

Kolosser 2,15 ist hierzu ein Schlüsselvers. Er offenbart die Vollkommenheit des Sieges unseres Herrn über Satan. „Er hat die Mächte und die Gewaltigen entwaffnet und sie öffentlich zur Schau gestellt und hat über sie triumphiert in Christus." In Vers 14 hat Paulus das Gesetz als den unpersönlichen Ankläger genannt, mit Satan macht er den persönlichen namhaft. Das ist ja die Taktik Satans, dass er die Menschen erst zur Sünde verführt und sie dann dieser Sünde anklagt, die er und seine Helfershelfer angeregt haben.

Als Paulus den Brief an die Christen in Kolossä schrieb, hatten diese gerade einen heimtückischen Angriff der Finsternismächte abzuwehren. Paulus stärkte und ermutigte sie unter Hinweis auf die Tatsache, dass die finsteren Mächte, so machtvoll sie auch auftreten mögen, doch besiegte und entwaffnete Mächte sind. Seit Golgatha ist Christus das Haupt seiner Gemeinde. Er ist zugleich der Schöpfer aller Herrschaften und Reiche (Kolosser 1,16; 2,10). Er triumphierte über den Satan in der Wüste und kehrte in der Kraft des Geistes zurück (Lukas 4,1–14). Durch seinen Opfertod auf Golgatha band er den Starken und „nahm ihm seine Rüstung weg, auf die er sich verlassen hatte, und verteilte die Beute" (Lukas 11,21.22).

Durch seinen stellvertretenden Tod und seine siegreiche Auferstehung gab Christus ein für alle Mal die Antwort auf alle Anklagen Satans gegenüber einem Kind Gottes. Diese Wahrheit brachte Paulus dazu, jenen Triumph als Frage auszurufen: „Wer will die Auserwählten Gottes beschuldigen? Wer will verdammen?“ (Römer 8,33.34). Vor dem Hintergrund dieser Wahrheit schreibt Johannes jenen Lobpreis: „Nun gehört das Heil und die Kraft und die Herrschaft unserm Gott und die Macht seinem Christus, denn der Verkläger unserer Brüder ist hinuntergeworfen worden, der sie Tag und Nacht vor unserm Gott verklagt hat“ (Offenbarung 12,10).

Paulus veranschaulicht den Sieg Christi über Satan mit dem Bild eines Triumphzuges, wie er in Rom üblich war, wenn ein siegreicher Feldherr zurückkehrte. Mit seiner Armee zog er dann durch die Straßen von Rom und stellte im Gefolge die Besiegten öffentlich zur Schau. Dieses Bild steht hinter Kolosser 2,15. Gott hat ein öffentliches Beispiel gesetzt. Der Sieg von Golgatha hat offenbar gemacht, dass die Mächte des Bösen entmachtet sind. Satan und sein Reich haben über den Gläubigen nur so viel Macht, wie Gott es ihm zugesteht. Hat nicht Christus gesagt: „Seht, ich habe euch Macht gegeben über alle Gewalt des Feindes“? Christi Sieg über Satan ist unser Sieg über Satan, und es ist ein vollkommener Sieg.

Das Gericht über den Antichristen

Golgatha bedeutet auch Gericht über den Antichristen. Wir würden das Thema nur unvollständig behandeln, wenn wir nicht auch auf ihn zu sprechen kämen.

Den Begriff „Antichrist“ finden wir nur in den Briefen des Johannes. „Kinder, es ist Endzeit! Ihr habt ja gehört, dass der Antichrist kommt, und nun sind schon viele Antichristen gekommen; daran erkennen wir, dass Endzeit ist. Sie sind aus unserer Mitte hervorgegangen, aber sie gehörten nicht zu uns" (1.Johannes 2,18.19).

„Der ist der Antichrist, der den Vater und den Sohn leugnet" (1.Joh. 2,22).

„Jeder Geist, der bekennt, dass Jesus Christus als Mensch gekommen ist, der ist von Gott; doch jeder Geist, der Jesus nicht bekennt, der ist nicht von Gott. Und das ist der Geist des Antichrists, von dem ihr gehört habt, dass er kommen wird, und er ist jetzt schon in der Welt" (1.Joh. 4,2.3).

„Denn viele Verführer sind in die Welt hinausgegangen, die leugnen, dass Jesus Christus als Mensch gekommen ist. Das ist der Verführer, der Antichrist" (2.Joh. 7).

Das Wort „Antichrist" meint nichts anderes als „gegen Jesus stehen". Es kann sich auf ein System oder auf eine Person beziehen. Johannes wendet es in dreifacher Weise an:

a) ein Geist oder eine Geisteshaltung (1.Joh. 4,3)
b) die Antichristen als eine Vielzahl (1.Joh. 2,18; 2.Joh. 7)
c) eine Person (1. Joh. 2,18)

Viele Theologen sehen im „Antichristen" ein antichristliches System. Sie sprechen aber auch von einem Individuum, das sich am Ende der Zeit aus dem System erheben wird und eine Vergottung (Apotheose) erfährt. Beides gehört zum Begriff „Antichrist", das System und die Person, und beiden ist eins gemeinsam, die Feindschaft gegen Christus als dem Haupt seiner Gemeinde und als Herrn der Schöpfung. Seit es die Gemeinde Jesu gibt, gibt es auch die antichristliche Gegenbewegung.

Augustinus und andere vor und nach ihm haben die johannäische Bezeichnung „Antichrist" gleichgesetzt mit der paulinischen vom „Menschen der Sünde" und „Sohn des Verderbens" (2.Thess. 2,3). Dass des Teufels Messias eine menschliche Person sein muss, erhärtet auch die Tatsache, dass er – wie Christus – sein „Kommen“ (2.Thess. 2,9) und seine „Offenbarung“ (2.Thess. 2,8) hat. Die Kirchenväter erwarteten eine unheilvolle und bedrohliche Person, die den Willen Satans ausführen würde. „Der Gesetzlose wird in der Macht des Satans auftreten mit großer Kraft und trügerischen Zeichen und Wundern ...“ (2.Thess. 2,9). Solche Aussagen lassen sich nur schwer verflechten mit unpersönlichen Kräften und Bewegungen.

Durch die Jahrhunderte hindurch ist immer wieder versucht worden, den einen zu benennen, auf den die Summe dieser antichristlichen Merkmale zutrifft. Namen wie Nero, Napoleon, Hitler und andere kamen ins Blickfeld. Aber sie alle wiesen nur einige Merkmale des Antichristen auf.

Große Ereignisse werfen ihre Schatten voraus. Die Heilige Schrift deutet auf eine ungeheure Steigerung weltweiter Auseinandersetzungen hin. Wir gewinnen den Eindruck, das Satans stärkstes Auftreten noch in der Zukunft liegt und vom „Sohn des Verderbens“ geführt werden wird. Sein Ziel ist klar. Er will sich über alles erheben, was Gott oder Gottesdienst heißt, sich selbst in den Tempel Gottes setzen und vorgeben, Gott zu sein (2.Thess. 2,3.4). Aber er ist ein verlorener Mann, denn „der Herr Jesus wird ihn mit dem Hauch seines Mundes umbringen und wird ihm ein Ende machen durch seine Erscheinung, wenn er kommt“ (2.Thess. 2,8).

Dieses Ereignis wird uns in Offenbarung 19,20 mit den Worten wiedergeben: „Und das Tier ... und der falsche Prophet ... wurden beide lebendig in den feurigen Pfuhl geworfen, der mit Schwefel brannte.“

Wirksame Waffen

„Und es entbrannte ein Krieg im Himmel: Michael und seine Engel nahmen den Kampf gegen den Drachen auf. Auch der Drache und seine Engel kämpften, doch sie konnten nicht standhalten“ (Offenbarung 12,7.8).

Wie schon bei der Betrachtung der christlichen Waffenrüstung erkennbar wurde, sind die Waffen, die der Christ in dem unsichtbaren Kampf zwischen Gott und Satan benutzt, geistlicher und nicht materieller Art. „Denn obwohl wir schwache Menschen sind, kämpfen wir doch nicht mit schwachen menschlichen Kräften. Denn die Waffen, mit denen wir kämpfen, sind nicht schwach wie Menschenwaffen, sondern mächtig durch die Kraft Gottes, um Befestigungen zu zerstören“ (2.Korinther 10,3.4). Der Krieg, der im Himmel begann, wirkt sich auf Erden aus. „Der Teufel ist zu euch hinuntergekommen und hat großen Zorn, weil er weiß, dass er wenig Zeit hat“ (Offenbarung 12,12). Je mehr die Zeit abläuft, desto mehr steigert sich auch des Teufels Zorn. Liegt hier nicht die Erklärung für die unglaubliche Zunahme satanischer Aktivität in unserer heutigen Welt? Kein Teil der Erde, wie fern auch immer, ist ausgenommen von den revolutionären Umtrieben unserer Tage.

Bevor über die drei unbesiegbaren geistlichen Waffen gesprochen wird, die uns für unseren geistlichen Kampf zur Verfügung stehen, ruft eine laute Stimme vom Himmel aus: „Nun gehört das Heil und die Kraft und die Herrschaft unserm Gott und die Macht seinem Christus, denn der Verkläger unserer Brüder ist hinuntergeworfen worden, der sie Tag und Nacht vor unserem Gott verklagt. Sie haben ihn überwunden ...“ (Offenbarung 12,10.11).

Womit haben sie überwunden? „Sie haben ihn überwunden durch das Blut des Lammes und durch das Wort ihres Zeugnisses und haben nicht an ihrem Leben gehangen, sondern den Tod auf sich genommen" (Offenbarung 12,11).

Blut als Waffe

„Das Blut des Lammes!" Die Wirkungskraft dieser Waffe lässt sich nicht trennen von Golgatha. Es kann nicht deutlich genug gesagt werden, dass das Geheimnis des Sieges über Satan und Sünde nicht in unserer Kraft liegt, auch nicht in unseren guten Veranlagungen, sondern allein in unserer Gemeinschaft mit Christus, dem Sieger von Golgatha.

Der Ausdruck „das Blut des Lammes" beinhaltet nicht so etwas wie einen magischen Zauber, ist auch nicht ein Ritual-Wort für Predigt und Gebet, um die Rechtgläubigkeit zu bestätigen oder sich übernatürlicher Auswirkungen zu versichern. Es ist ein Ausdruck des lebendigen, bewussten, tätigen Glaubens an Christus, der als das Lamm Gottes für uns aus vielen Wunden geblutet hat, „Satan den Kopf zertrat" und einen vollkommenen Sieg errang. In diesen vier Wörtern, „das Blut des Lammes", ist der unermessliche Wert des Werkes Christi auf Golgatha in seiner stellvertretenden Bedeutung zusammengefasst. Blut ist gleichzusetzen mit Leben. Freiwillig hat Jesus als Gottes Lamm sein Leben dahingegeben. Nur so war es möglich, dass sündige Menschen, von Satan angetrieben, es ihm gewaltsam nehmen konnten. Weil er durch sein Blutvergießen die Macht Satans gebrochen hat, haben auch wir, die wir mit ihm Gemeinschaft haben, an diesem seinem Sieg Anteil. Christi Sieg ist unser Sieg. Gegen das Blut des Lammes hat Satan keine Abwehrwaffe.

Zeugnis als Waffe

„Das Wort ihres Zeugnisses!“ Gegründet im Wort Gottes wird unser Zeugnis zum Schwert des Geistes. Nicht das kluge Argument, die Logik oder die Anklage sind es, die Satan zum Schweigen bringen, sondern das Zeugnis. Das Wort Christi und seiner Apostel, das sich in der Erfahrung des Gläubigen immer wieder bestätigt, wird zum Zeugnis.

Opfer als Waffe

„Und haben nicht an ihrem Leben gehangen, sondern den Tod auf sich genommen.“ Von dem griechischen Wort, das in diesem Vers für „Zeugnis“ steht, leiten wir unser Wort für „Märtyrer“ ab. Der innere Zusammenhang ist offensichtlich.

Die dritte Waffe richtet sich nicht in der gleichen Weise gegen den Feind wie die ersten beiden. Sie ist gleichsam ein Schwert, das in unsere eigene Brust dringt. Das Zeugnis eines Menschen, der auch zum Martyrium bereit ist, ist eine höchst wirksame Waffe. Einem Menschen ist das eigene Leben zweitrangig, wenn es um den Sieg Christi geht. Sein wichtigstes Anliegen bleibt es, dass Satan unterliegt und Christus siegt, auch wenn es sein Leben kosten würde. Er selbst hält sich dabei für entbehrlich.

Hierin ist der Herr seinen Nachfolgern ein leuchtendes Vorbild geworden. „In ihm hat er uns erwählt vor der Schöpfung der Welt“ (Epheser 1,4). Das heißt doch, dass die Bereitschaft Christi zum Opfer nicht erst seit Bethlehem oder Golgatha bestand, sondern schon vor der Grundlegung der Welt. Ohne das Ja zum Weg des Kreuzes bleibt unser Zeugnis fruchtlos. Aber ist nicht gerade der Geist der Märtyrer, die Bereitschaft zur Selbstaufopferung vielen Christen von heute fremd? Ob das nicht ein Grund dafür ist, dass die Kirche die menschliche Gesellschaft so wenig beeindruckt?

„Und sie haben ihn überwunden!" Das ist eine Notiz von unbesiegbarer Zuversicht. Hat Jesus nicht gesagt:

„Auf diesen Felsen will ich meine Gemeinde bauen, und die Pforten der Hölle sollen sie nicht überwältigen" (Matthäus 16,18)? Satans Gericht und Niederlage wurden auf Golgatha besiegelt. Bis das Gerichtsurteil vollstreckt wird, haben wir diese unbesiegbaren Waffen:

- Wir bauen auf den Sieg von Golgatha!
- Wir bezeugen diesen Sieg!
- Wir wollen auch bereit sein, unser Leben für den Herrn hinzugeben.

Jesu Namen als Waffe

Eine andere Waffe in den Händen des Soldaten Christi ist der Name Christi. Wer die Geschichte der Urgemeinde liest, wird feststellen, welche hohe Bedeutung sie dem Namen Jesu gab. In unseren Tagen, aber noch stärker in den Ländern des Ostens und zur biblischen Zeit, steht der Name für die Person mit allen ihren Eigenschaften, Fähigkeiten und Möglichkeiten. Ein Name auf einem Scheck kann diesen von einem wertlosen Stück Papier zu großem Wert machen. Die Unterschrift unter ein Dokument kann Millionenwerte übertragen. Der Name steht für die Person.

Unser Herr hat uns das Vorrecht gegeben, von seinem Namen Gebrauch machen zu dürfen. „In meinem Namen werden sie böse Geister austreiben" (Markus 16,17). „Worum ihr mich bitten werdet in meinem Namen, das will ich tun" (Johannes 14,14). Wenn wir Christi Namen gebrauchen, anerkennen wir, dass wir nicht in unserem eigenen Namen oder in eigener Autorität handeln, sondern als seine Repräsentanten.

Wo im Gebet die Worte gebraucht werden „in Jesu Namen", ist das kein Zauberspruch oder nur eine fromme Redensart. Vielmehr liegt in diesem Namen Vollmacht – allerdings nur für den, der ihn im Glauben und Gehorsam an das Werk Jesu gebraucht.

Paulus kannte die Kraft des Namens Jesu und verwandte ihn entsprechend. Lukas schreibt darüber: „Als wir wieder einmal zur Gebetsstätte gingen, begegnete uns eine Magd, die einen Wahrsagegeist hatte ... Paulus wandte sich um und sprach zu dem Geist: Ich gebiete dir im Namen Jesu Christi, dass du von ihr ausfährst. Und er fuhr zur selben Stunde von ihr aus" (Apg. 16,16.18).

Es ist aufschlussreich, dass die Söhne des Skeva, jüdische Exorzisten, den Gebrauch des Namens Jesu nur formelhaft nachahmten. Dabei erzielten sie ein ganz anderes Ergebnis. Die Dämonen wichen nicht, sondern griffen an.

Der Name Jesu vermittelt nur da Kraft, wo Menschen seine Herrschaft anerkennen.

Seid wachsam – seid nüchtern!

„Wachsamkeit ist der Preis für die Freiheit." Dieser bekannte Grundsatz aus dem politischen Bereich ist nicht weniger wichtig für das geistliche Leben.

Das Überraschungsmoment – Angriff ohne Warnung – ist im Krieg ein wichtiger Faktor. Bei Gideons Sieg im Kampf mit den Midianitern spielte das Überraschungsmoment eine große Rolle. Mit 300 Mann überraschte er 135 000 und gewann.

Können wir erwarten, dass unser erfindungsreicher Widersacher von dieser wirkungsvollen Waffe keinen Gebrauch machen wird? Ein Blick in die biblische Geschichte zeigt uns, wie oft und wie erfolgreich er sie angewandt hat. Die beste Abwehrwaffe ist darum ständige Wachsamkeit.

Im Gedanken daran sollte der Gläubige immer im Gedächtnis behalten, dass Satan auch nur ein geschaffenes Wesen und darum weder allmächtig noch allwissend ist. Ganz offensichtlich hat ihn seine Unfähigkeit, die göttlichen Pläne vorauszusehen, den Sieg auf Golgatha gekostet. Paulus schreibt: „Sondern wir verkündigen die geheimnisvolle Weisheit Gottes, die verborgen ist; Gott hat sie vor aller Zeit zu unserer Herrlichkeit vorherbestimmt, und keiner von den Herrschern dieser Welt hat sie erkannt; denn wenn sie sie erkannt hätten, so hätten sie den Herrn der Herrlichkeit nicht gekreuzigt" (1.Korinther 2,7.8). Kein Kommandeur würde bewusst seine eigene Niederlage betreiben.

Auch im geistlichen „Krieg" darf der „Geheimdienst" nicht vernachlässigt werden. Paulus konnte sagen: „Denn wir wissen genau, was er im Sinn hat" (2.Kor. 2,11). Er kämpfte nicht gegen einen Feind, von dessen Strategie und Taktik er keine Ahnung hatte.

Zwanzig Stellen im Neuen Testament sprechen von der Wachsamkeit, die vom Christen erwartet wird. Die meisten Aufrufe kommen von Jesus selbst. In Gethsemane hatten die Jünger, die mit Jesus wachen sollten, versagt. Kein Wunder, dass sie überfordert waren, als die nachfolgenden Ereignisse sie überraschten.

Bei einer anderen Gelegenheit sagte Jesus zu ihnen:

„Was ich euch sage, sage ich allen: Wachet!" Obwohl dieser Aufruf zur Wachsamkeit im Blick auf die Wiederkunft gesagt wird, hat er doch seine Bedeutung auch darüber hinaus.

Wer die Existenz des Widersachers, seine Methoden und seine Macht nicht ernst nimmt, räumt ihm große Vorteile ein. Wieviele Tage mögen vergehen, in denen wir mit keinem Gedanken an unsern großen Widersacher denken. Dürfte man im Kriegsfall dem Feind gegenüber so gedankenlos sein? Lasst uns den verlorenen Boden zurückgewinnen! Lasst uns wachsam werden, wo wir gleichgültig waren!

Wachsam gegen Zorn und Groll

„Zürnt ihr, so sündigt nicht; lasst die Sonne nicht über eurem Zorn untergehen, und gebt dem Teufel keinen Raum" (Epheser 4,26.27). Lassen wir dem Zorn zu lange Raum, und mag er noch so gerechtfertigt sein, geben wir damit dem Teufel Gelegenheit, uns zu Fall zu bringen. Wieviel mehr erst, wenn es egozentrisches, sündiges Zürnen ist. Sind wir auf diesem Gebiet wachsam?

Durch Grollen und mangelnde Bereitschaft zur Vergebung verlieren wir „Gelände" an den Teufel. Paulus schreibt: „Wem aber ihr etwas vergebt, dem vergebe ich auch. Denn auch ich habe, sofern ich etwas zu vergeben hatte, es um euretwillen vor dem Angesicht Christi vergeben, damit wir nicht vom Satan übervorteilt werden;

denn wir wissen genau, was er im Sinn hat" (2.Kor. 2,10.11). Unsere mangelnde Bereitschaft, dem anderen zu vergeben, gibt dem Teufel eine weitere Gelegenheit, uns zu überwinden. Keinen Fußbreit Boden dürfen wir ihm zufallen lassen. Wachen wir darum sorgfältig über die Regungen unseres Herzens!

Wachsam gegen Leichtfertigkeit

Eine leichtfertige, witzelnde Bemerkung über den Teufel mag gescheit klingen, ist aber in Wirklichkeit sehr töricht. Sowohl Petrus als auch Judas warnen davor. Wir sollten es beherzigen. Petrus spricht von jenen, „die jede Herrschaft verachten. Frech und eigensinnig, wie sie sind, schrecken sie nicht davor zurück, himmlische Mächte zu lästern, gegen die doch selbst die Engel, die größere Stärke und Macht haben, bei dem Herrn auf kein Verdammungsurteil dringen" (2.Petr. 2,10.11). Judas fügt hinzu: „Als aber der Erzengel Michael mit dem Teufel um den Leichnam des Mose stritt, wagte selbst er nicht, gegen ihn ein Verdammungsurteil zu fällen, sondern sprach: Der Herr soll dich bestrafen!" (Judas 9).

Was auch immer diese geheimnisvollen Bibeltexte aussagen mögen, sicher ist, dass sie ein Warnruf sind. Oberflächliche Christen werden gewarnt, es sich nicht zu leicht zu machen, wenn es um den altbösen Feind geht. Engel, die begabter und mächtiger sind, begehen solche Torheit nicht. Der Hinweis: „Seid nüchtern und wachet; denn euer Widersacher, der Teufel, geht umher wie ein brüllender Löwe und sucht, wen er verschlingen kann" (1.Petrus 5,8) ist Warnung genug.

Wachsam gegen unbiblische Toleranz

Paulus vergleicht die Gemeinschaft eines gläubigen Menschen mit einem ungläubigen mit der Gemeinschaft zwischen Christus und Beliar (oder Satan). Eine unvorstellbare Gemeinschaft! „Wie stimmt Christus überein mit Beliar? Oder was verbindet den Gläubigen mit dem Ungläubigen?“ (2.Kor. 6,15)? Zwar haben diese biblischen Aussagen Heirat und Ehe zum Hintergrund, doch ihre Bedeutung ist umfassender.

Die verantwortlichen Männer einer Gemeinde sollten sehr wach erwägen, wen sie in die Mitarbeit berufen, andernfalls wird dem Teufel Eingang gewährt, und er wird nicht zögern, davon Gebrauch zu machen. Paulus nennt zwei Momente, die besonderer Aufmerksamkeit bedürfen: „Ein Bischof (Ältester, Aufseher) aber soll untadelig sein [...] und nicht ein Neugetaufter, damit er nicht hochmütig wird und dem Gericht verfällt, wie es der Teufel wünscht“ (1.Tim. 3,2.6).

Diese Vorsicht ist heute besonders geboten, weil vielfach die Neigung besteht, jungen Leuten schnell Aufgaben zu übertragen, für die sie weder die geistliche Reife noch die Erfahrung mitbringen. Damit soll nichts gegen das lobenswerte Bemühen gesagt werden, das Interesse junger Menschen zu gewinnen und anzuerkennen. Aber übereilte Schritte führen leicht zu geistlichen Rückschlägen und schaden insgesamt dem Werk Gottes. Sicherlich sollten wir unsern jungen Leuten so viel Verantwortung übertragen, wie sie nach ihrer Befähigung tragen können; aber Gottes Wort spricht von einer „geistlichen Lehrzeit“, die man nicht umgehen darf.

Der Ausdruck „damit er nicht dem Gericht verfällt, wie es der Teufel wünscht“ deutet wahrscheinlich auf jenes Urteil hin, das ihn selbst wegen seines unheiligen Herrschaftsstrebens und seines Hochmuts traf. Die Erfahrung hat gelehrt, wie weise dieser Rat ist.

Noch etwas: „Er muss aber auch einen guten Ruf bei den Außenstehenden haben, damit ihm nichts Böses nachgesagt werden kann und er sich nicht in der Schlinge des Teufels fängt" (1.Tim. 3,7). Wer einen verantwortungsvollen Dienst in der Gemeinde tut, darf nicht einen zweifelhaften Ruf vor der Welt haben. Beide, ihn selbst und die Gemeinde, könnte der Teufel zu leicht zur Zielscheibe seiner Angriffe machen.

Wachsam gegen unheilige Neugierde

In unseren Tagen, wo geradezu eine krankhafte Neugierde alle Bereiche des Okkulten erfasst hat, wäre es sträflich, darauf nicht aufmerksam zu machen, welche Gefahren in der Beschäftigung mit okkulten Dingen liegen – auch dann, wenn man es nur so, mal aus „Spass" tut. Auf dem Buchmarkt erscheinen immer mehr Veröffentlichungen zu diesem Thema. Das birgt die Gefahr in sich, dass arglose und unwissende Leute in Situationen gelockt werden, die ernste und böse Folgen haben. Die Heilige Schrift warnt mehrfach vor einer solchen unheiligen Neugier:

„Dass nicht jemand unter dir gefunden werde ..., der Wahrsagerei, Hellseherei, geheime Künste oder Zauberei treibt oder Bannungen oder Geisterbeschwörungen oder Zeichendeuterei vornimmt oder die Toten befragt. Denn wer das tut, der ist dem Herrn ein Gräuel, und um solcher Gräuel willen vertreibt der Herr, dein Gott, die Völker vor dir (Kanaaniter)" (5.Mose 18,10–12).

Die Aussagen des Gebotes sind eindeutig und decken das ganze okkulte Gebiet ab. Das Nein zu diesen Dingen erfolgt sehr bestimmt. Jene Praktiken haben ihr modernes Gegenstück im Satanismus unserer Tage.

Wer sich mit bösen Geistern einlässt, gerät unter den Einfluss dieser übernatürlichen, teuflischen Mächte. Nicht nur Gott, auch die bösen Geister verfügen über Möglichkeiten, die jenseits unserer Kenntnis und Kontrolle liegen. In Offenbarung 16,14 ist die Rede von Teufelsgeistern, die durch Wunderzeichen beeindrucken. Der Teufel gehört zur höchsten Rangstufe der geschaffenen Wesen und kann Menschen durch Kräfte aus dem höheren Bereich beeinflussen. Wer es sich zutraut, in diesen verborgenen Bereich einzudringen, wagt sich auf unbekanntes Gebiet. Entsprechend groß ist das Risiko. Seid nüchtern und wachsam!

Gehorcht – und widersteht!

Im Jakobus-Brief steht: „So seid nun Gott gehorsam. Widersteht dem Teufel, dann flieht er vor euch“ (Jakobus 4,7). Hier gilt es, folgende Regel zu beachten: Gott gegenüber sollen wir gehorsam sein, Satan aber müssen wir widerstehen! Nur der geistlich gesinnte Christ kann dem Teufel widerstehen. Wer ohne Christus gegen den Teufel antreten will, wird ihn nicht erschrecken. Er würde einer Ameise gleichen, die auf dem Schienenstrang einem in hoher Geschwindigkeit daherbrausenden Zug entgegenkrabbelt, um ihn zu stoppen. Vor solchen Menschen flieht der Teufel nicht.

„So demütigt euch nun unter die gewaltige Hand Gottes ... Seid nüchtern und wacht; denn euer Widersacher, der Teufel, geht umher wie ein brüllender Löwe und sucht, wen er verschlingen kann. Dem widersteht, fest im Glauben ...“ (1.Petrus 5,6–9).

Diese beiden Bibelstellen weisen aus, dass sich ein Christ durchaus schriftgemäß verhält, wenn er dem Teufel widersteht. Aber es wird deutlich, dass beide Bibelstellen die Aufforderung zum Widerstand mit Bedingungen verbinden, die sorgfältig zu beachten sind:

a) Dem Widerstand gegen den Teufel muss der Gehorsam Gott gegenüber vorausgehen. Der Sieg über den Teufel wird niemals aus der Unabhängigkeit von Gott gewonnen werden.

b) Es ist der demütige Mensch, nicht der anmaßende und selbstsichere, der den Sieg über den Feind erlebt.

c) Siegen wird der, der im Glauben feststeht; nicht der wankelmütige und schwankende Christ, sondern der, dessen Fundament festgegründet ist in den großen Wahrheiten des Glaubens.

Diese Warnungen kommen nicht von ungefähr. Sie

wollen uns den Blick dafür öffnen, dass unser Widerstand einem sehr erfahrenen und mächtigen Feind gilt.

Wenn wir nicht davon überzeugt sind, dass der Teufel ein bereits geschlagener Feind ist, werden wir ihm kaum widerstehen können. Haben wir diese unerschütterliche Gewissheit? Es ist der Widerstand aus Glauben, von dem Jakobus und Petrus sprechen. Solcher Glaube lässt für Zweifel keinen Raum.

Beachten wir, welche Gewissheit aus der Heiligen Schrift spricht: „Weil nun die Kinder Fleisch und Blut sind, hat auch er die gleiche Art angenommen, um durch seinen Tod den zu vernichten, der die Macht über den Tod hat, das ist der Teufel..." (Hebräer 2,14). „Dazu ist der Sohn Gottes erschienen, die Werke des Teufels zu zerstören" (1.Johannes 3,8).

Mit diesem Wissen und im Vertrauen auf die Kraft des Heiligen Geistes sind wir in der Lage, den Kampf mit dem altbösen Feind aufzunehmen. Die Bibel sagt uns nirgendwo, dass wir so tun sollen, als gäbe es den Teufel nicht. Aber sie sagt auch nicht, dass wir uns vor ihm fürchten müssten, „denn der in euch ist, ist größer als der, der in der Welt ist" (1. Joh. 4,4).

Es wird erzählt, dass einmal eine Frau ihrem Pastor sagte: „Ich glaube das nicht, was in Jakobus 4,7 steht, denn als ich in einer Sache dem Teufel widerstand, wandte er sich noch stärker gegen mich." Der Pastor traf genau ihr Problem, als er sie fragte, ob sie denn ihr Leben ganz und gar Gott übergeben habe. Sie musste zugeben, dass dies nicht der Fall war. – Nur dann, wenn wir Gott ohne Vorbehalt gehorsam sind, erleben wir die Wirkung seiner Kraft, flieht der Teufel von uns.

Die Urteilsvollstreckung – aufgeschoben, aber nicht aufgehoben

Der Aussage, dass Satan nach Golgatha ein geschlagener Feind ist, wird oft die Frage entgegengehalten:

„Falls das so ist, warum kann Satan dann heute noch so aktiv in der Welt sein?“

In Kolosser 2,15 steht: „Er hat die Mächte und Gewaltigen entwaffnet und sie öffentlich zur Schau gestellt und über sie triumphiert in Christus.“ Aus dem Textzusammenhang geht hervor, dass sich diese Aussage nicht trennen lässt vom Geschehen auf Golgatha. Das Kreuz von Golgatha markiert die absolute Niederlage und das Urteil über den Teufel und sein Reich.

Aber wie ein Verbrecher mit der Urteilsverkündung noch nicht sogleich die Vollstreckung des Urteils erlebt, so steht bei Satan auch noch die Urteilsvollstreckung aus. Aus Gründen, die allein Gott kennt, wurde das Urteil über den Teufel bis heute noch nicht vollstreckt. Noch ist ihm eine begrenzte Wirkungsmöglichkeit gegeben, obwohl sein Untergang feststeht.

Vielleicht gibt uns Matthäus 13,24–31 die hilfreichste Antwort auf die Frage, warum das Urteil über Satan noch immer nicht vollstreckt worden ist. Im Gleichnis vom Unkraut unter dem Weizen sagt Jesus:

„Lasst beides miteinander wachsen bis zur Ernte; und um die Erntezeit will ich zu den Schnittern sagen: Sammelt erst das Unkraut und bindet es in Bündel, damit man es verbrennt; aber den Weizen sammelt mir in meine Scheune.“

Die Vollstreckung des aufgeschobenen Urteils über den Teufel wird in der Bibel nur mit wenigen Worten erwähnt: „Und sie zogen über die ganze Erde herauf und umringten das Heerlager der Heiligen und die geliebte Stadt. Da fiel Feuer vom Himmel und verzehrte sie. Und der Teufel, der sie verführte, wurde in den Pfuhl von Feuer und Schwefel geworfen, wo schon das Tier und der falsche Prophet waren; dort werden sie gequält werden Tag und Nacht, von Ewigkeit zu Ewigkeit" (Offenbarung 20,9.10).

Welch ein ganz anderes Bild zeichnet die Heilige Schrift von Jesus Christus: „Darum hat Gott ihn auch erhöht und hat ihm den Namen gegeben, der über alle Namen ist, damit im Namen Jesu sich beugen sollen aller derer Knie, die im Himmel und auf Erden und unter der Erde sind, und alle Zungen bekennen sollen, dass Jesus Christus der Herr ist, zur Ehre Gottes, des Vaters" (Philipper 2,9–11).

Kommt, ihr Erlösten, krönt das Lamm auf seinem Thron
und jauchzt ihm mit des Himmels Heer im höchsten Jubelton!
Durch sein vergossnes Blut hat er uns freigemacht;
nun sei ihm Lob und Dank und Preis in Ewigkeit gebracht.

Krönt ihn, der uns geliebt, bis in den Tod getreu,
dass er, verklärt beim Vater nun, uns Herr und König sei.
Kein Engel dort erträgt den Glanz von seinem Licht;
sie sinken in Anbetung hin vor seinem Angesicht.

Krönt ihn, der nun erhöht sein glorreich Zepter führt,
bis er in jedem Land und Reich als Friedefürst regiert.
Die Grenze seines Reichs sei weder Raum noch Zeit,
und seinem Dienst sei jedes Herz in aller Welt geweiht.